中国
扶贫行动

黄承伟 编著

五洲传播出版社

图书在版编目（ＣＩＰ）数据

中国扶贫行动 / 黄承伟编著 . —— 北京：五洲传播出版社，2014.11

ISBN 978-7-5085-2935-6

Ⅰ . ①中… Ⅱ . ①黄… Ⅲ . ①扶贫－中国 Ⅳ . ① F323.8

中国版本图书馆 CIP 数据核字 (2014) 第 252029 号

中国扶贫行动

编　　著：黄承伟
参加编写人员：王大军，周晶，刘欣，赵清清
责任编辑：宋博雅
封面设计：丰饶文化传播有限责任公司
内文制作：北京紫航文化艺术有限公司
出版发行：五洲传播出版社
社　　址：北京市北三环中路 31 号生产力大楼 B 座 7 层
邮　　编：100088
网　　址：http://www.cicc.org.cn
电　　话：0086-10-82007837（发行部）
印　　刷：北京市房山腾龙印刷厂
开　　本：787 毫米 ×1092 毫米　1/16
印　　张：11.25
印　　数：1—3500
字　　数：168 千字
版　　次：2020 年 12 月第 1 版第 1 次印刷
定　　价：56.00 元

中国扶贫行动

目录 / CONTENTS

导 言

　　由政府主导的扶贫开发事业深刻体现了中国特色社会主义的本质特征，是中国特色社会主义事业的重要组成部分，关乎全面建成小康社会目标的实现。自 20 世纪 70 年代末实行改革开放以来，中国的扶贫开发事业取得了举世瞩目的伟大成就，按照国际扶贫标准测算，共减少了 6.6 亿贫困人口，基本解决了农村居民的温饱问题。根据世界银行统计，1981—2010 年，全球贫困人口减少 7.23 亿，其中 94.2% 的贡献来自中国的减贫成就。2005 年以来，如果不包括中国，全球的贫困人口几乎没有减少。中国扶贫开发有力促进了贫困地区经济社会发展，有效减缓了区域发展差距，改善了贫困群众生产生活条件，成功走出了一条中国特色扶贫开发道路，为人类减贫事业做出了巨大贡献。

　　当然，受历史、自然、社会等多方面因素的影响，中国的贫困状况依然十分严峻。一是贫困人口多。按照农民年人均纯收入 2300 元（2010 年不变价，相当于每天 1 美元）的扶贫标准，到 2013 年底，中国农村贫困人口有 8249 万人；按世界银行每天生活费 1.25 美元的标准，中国农村贫困人口大约还有 2 亿多。二是贫困程度深。贫困人口不仅收入水平低，而且面临着吃水难、行路难、用电难、上学难、就医难、贷款难等诸多问题。三是解决问题难度大。贫困人口集中分布在生产生活条件恶劣、自然灾害频发、基础设施缺乏的 14 个连片特困地区、592 个重点县和 12 万个贫困村，目前的投入和支持力度难以从根本上解决问题。贫困问题的存在，是中国到 2020 年全面建成小康社会的短板。中国政府正进一步动员全党、全国、全社会的力量，打一场扶贫攻坚战。

本书尽可能用通俗的语言，以讲故事的方式，通过中国扶贫之路、中国扶贫体系、百花齐放的大扶贫格局、点面结合的扶贫方式、关爱特殊群体、激发原生动力、抗击城市贫困等篇章，比较全面、系统地介绍中国扶贫开发的主要政策、具体做法和主要成就，希望能够为需要了解中国扶贫开发的成就、经验及面临挑战的国内外各界特别是国际友人提供一本普及性读物。

第一章

中国扶贫之路

减贫：在探索中前行

　　湘西土家族苗族自治州，山高岭峻，沟壑纵横，与湖北、贵州、重庆三省市接壤，是湖南省的"西北门户"。她是一块美丽而神秘的土地，诞生了异彩纷呈的南长城、猛洞河、凤凰古城等自然景观，孕育出了走向世界的文学家、歌唱家等人才。她更是一块贫瘠的土地，直到 1983 年，尚有 156 万农村贫困人口，占农业人口的 84%。摆脱贫困，已成为世世代代生活于此的人们最大的梦想。

凤凰古城

　　10 年、20 年、30 年，奔腾不息的沅江酉水，把湘西的贫穷沉积在历史河床的深处。

　　从 1978 年到 1983 年，在农村经济体制改革的推动下，湘西州农村贫困人口平均每年减少 1.5 万人。1993 年全州农村贫困人口减少到 90 万，到 2000 年缩减到 23 万，加之同年新增的低收入贫困人口 90 万，总贫困人口 113 万。

　　从 1978 年改革开放之初的 183.8 万到 2010 年的 87.6 万，湘西州贫困人口减少的速度惊人，32 年间近 100 万人摆脱贫困，但农村的贫穷状况仍然令人触目惊心。

在国家扶贫开发政策的指导下，湖南省把湘西州作为全省扶贫攻坚主战场，农业部、中石化、广州军区司令部、省直单位和行业部门及省辖六市承担起了对口扶贫湘西的重任，香港郭氏基金会在保靖县创建内地第一个"脱贫困、奔小康、创和谐"长效扶贫试点基地，实现了专项、行业、社会扶贫"三位一体"的大扶贫格局。

1978 至 1983 年为体制改革推动扶贫阶段，农村由于实行了家庭联产承包责任制、农产品价格改革以及发展乡镇企业，极大地促进了生产力的发展，缓解了湘西农村的贫困现状。

1984 至 1993 年为大规模开发式扶贫阶段，湘西州确立了以椪柑为主的农村四大支柱产业模型和开发式扶贫方针的主导地位。

1994 至 2000 年的八七扶贫攻坚阶段，湘西州重点实施"六六温饱脱贫工程"，力争用 6 年时间基本解决 60 万农村贫困人口的温饱问题。

2001 至 2010 年的整村推进扶贫阶段，湘西州瞄准 90 个边远特困村、1100 个重点村，大力实施产业、基础设施、生态能源、劳务技能培训扶贫，以整村推进模式进行扶贫攻坚。

湘西椪柑

湘西茶叶

吉首市十八湾村悬崖上的通村致富路

　　绵延不绝的大山，把现代文明与富足挡在了山外。吉首市十八湾村，两百余苗家老少，抱夹薄被稻草，挑着锅碗瓢盆，吃粗米淡饭，住荒天野地，1500 个日出日落的轮换中，耗时 12 万多个工日，光炸药就用了 11 吨、钢钎打熔了 48 根，硬是在悬崖上修凿了全长 5.3 公里的通村致富路。这种艰苦奋斗、锲而不舍的志气，成为了湘西扶贫精神的生动体现。

　　2011 年，湘西州扶贫攻坚实现历史性跨越，争取财政扶贫专项资金 2.8 亿元。近几年，湘西州又成为了全国武陵山片区、两项制度（农村低保与扶贫开发）衔接、中央彩票公益金、贫困村互助资金、农村信息化扶贫、贫困大学生扶贫助学、贫困留守儿童扶持助学等试点的汇聚地。

　　李克强总理亲切关怀贫困的湘西女孩，在给怀揣求学梦的湘西姑娘的回信中，激励着更多的贫困学子自强不息、扬帆起航。切实解决贫困家庭学生入学，既需要贫困家庭的自强不息，也需要政府和社会各界关注贫困孩子，情倾贫困孩子，帮助贫困孩子。动人的民生故事，诠释了保障民生的内涵，也在扩展保障民生的外延。

湘西，正在勾勒这样一幅画卷：区域发展 10 大标志工程、扶贫攻坚 10 大民生工程、10 个百亿产业、50 个重点产业项目，规划总投资 3926 亿元；仅柑橘、猕猴桃、茶叶、百合、烟叶、中药材等农村特色重点产业发展面积，10 年内将达 450 万亩。

湘西 30 多年间的减贫经历是中国扶贫开发的一个缩影。中国扶贫事业走过了数十年，风雨兼程，取得了累累硕果。为了实现没有贫困的世界，中国扶贫开发一直在探索中前行。

中国是全球最大的发展中国家，中国的扶贫历程伴随着经济与社会的变迁而不断演进。1978 年改革开放之前，中国面临大范围贫困，衣食住行都处于较低水平，生产生活条件极其恶劣。随着人口的不断增加，到 1978 年，全社会每个就业人口所创造的国民生产总值为 632 美元，仅为当时世界平均水平的 10%，发展中国家平均水平的 34%。改革开放以来，中国的贫困状况才开始不断改善。

中国 30 多年的扶贫开发实践，经历了从降低大面积绝对贫困人口到解决贫困人口的温饱问题，再到巩固温饱成果的转变。在此过

1978 年到 1985 年的农村贫困人口及贫困发生率

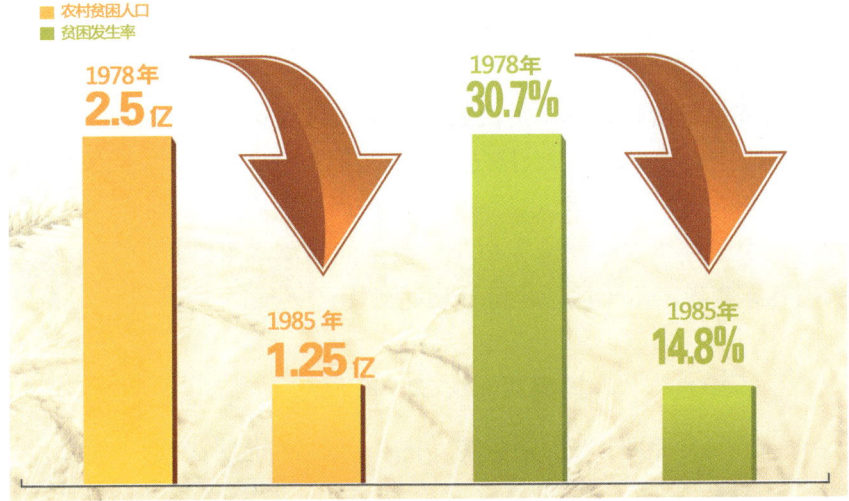

■ 农村贫困人口
■ 贫困发生率

1978年
2.5亿

1985年
1.25亿

1978年
30.7%

1985年
14.8%

程中，中国实践和探索了针对贫困人口、贫困村、贫困县、区域性贫困等多层次贫困问题的扶贫开发政策。国家指导扶贫开发的思想从改革开放初期"以经济建设为中心"逐步转变为促进贫困人口能力建设，促进社区和村庄全方位发展，不断缩小区域发展差距。

1978年12月，中国共产党十一届三中全会召开，确立了以经济建设为中心的基本路线，拉开了改革开放的序幕。农村土地制度、市场制度和就业制度改革构成了此阶段中国农村减缓贫困的主要推动力，也使该时期成为中国历史上减缓贫困成效最为显著的时期——农村绝对贫困人口从1978年的2.5亿人下降到1985年的1.25亿人，平均每年减少1786万人。

1986年，中国政府成立了专门的扶贫工作机构——国务院贫困地区经济开发领导小组，并下设办公室；开始在全国范围内组织实施有计划、有组织和大规模的开发式扶贫，扶贫工作进入新的历史时期。

专项扶贫探索阶段，扶贫由救济式向开发式转变。1986—1993年这一阶段是中国大规模实施开发式扶贫改革探索时期。开发式扶贫就是在国家必要的支持下，利用贫困地区的自然资源，进行开发性生产建设，逐步形成贫困地区和贫困户的自我积累和发展能力，依靠自身力量解决温饱、脱贫致富。开发式扶贫包括为贫困地区修建基础设施，发展教育，给予优惠经济政策，提供优惠贷款等多项措施。

扶贫攻坚阶段，基本解决农村贫困人口温饱问题。1994年，中国政府决定实施《国家八七扶贫攻坚计划》。1997年至1999年三年间，中国每年有800万贫困人口解决了温饱问题，是进入20世纪90年代以来中国减少农村贫困人口年度数量的最高水平。2000年年底，中国基本实现了八七扶贫攻坚计划的目标。

《国家八七扶贫攻坚计划》

1994年4月15日，国务院发布了《国家八七扶贫攻坚计划》，以进一步解决农村贫困问题，缩小地区发展差距；计划力争在20世纪内的最后7年，集中力量，基本解决中国农村8000万贫困人口的温饱问题。

《八七扶贫攻坚计划》明确指出了中国扶贫攻坚的奋斗目标：一是到20世纪末，使全国绝大多数贫困户年人均纯收入按1990年不变价格计算达到500元以上，扶持贫困户创造稳定解决温饱问题的基础条件，减少返贫人口；二是加强基础设施建设；三是改变文化、教育、卫生的落后状态，把人口自然增长率控制在国家规定的范围内。该计划提出了继续坚持开发式扶贫方针，并明确扶贫开发的基本途径、主要形式以及信贷、财税、经济开发方面的优惠政策，并对资金的管理使用、各部门的任务、社会动员、国际合作、组织与领导做出规定。

《八七扶贫攻坚计划》是20世纪最后7年中国扶贫开发工作的指导性纲领，也是中国国民经济和社会发展计划的重要组成部分，标志着中国扶贫开发进入了有组织、有计划、大规模、以及由救济式扶贫向开发式扶贫转变的攻坚阶段。

但到2000年底，中国农村仍有3200多万贫困人口没有解决温饱问题，占农村人口的3%左右；低收入贫困人口达6000多万。这9000多万农村人口，是新阶段农村扶贫开发的基本对象。这些贫困人口呈现"大分散、小集中"的分布状态以及解决难度大的贫困特征。

扶贫深化发展阶段，扶贫开发和最低生活保障制度"两轮驱动"减贫。在完成国家八七扶贫攻坚计划以后，中国政府于2001年5月制定并颁布实施了《中国农村扶贫开发纲要》。根据中国农村贫困人口的分布状况和特点，《纲要》指出国家扶持的重点将放在贫困人口相对集中的中西部少数民族地区、革命老区、边疆和一些特困地区。《纲要》还提出了新阶段扶贫开发的主要政策措施，例如，针对市场需求，结合经济结构调整，支持贫困地区发展种养业；加强基础设施和生态环境建设；发展科技、教育、文化、卫生事业，促进贫困地区社会全面进步；继续动员全社会扶贫济困，包括党政机关定点联系、支持贫困地区开发建设，沿海发达地区对口帮助西部贫困地区，开展东西扶贫协作。

2007年，中国实现了农村最低生活保障制度全覆盖。这一制度是农民在不能维持最低生活水平时，由国家按照法定的标准向其提供最低生活需要的物质援助的社会保障制度。农村扶贫开发和最低生活保障制度作为国家扶贫战略的两个重要支点，在减少农村贫困人口、提高农民素质、改善农村生产生活条件、促进农村和谐发展等方面发挥了积极作用。

为了使农村扶贫标准以下的全部低收入人口得到有效扶持，2008年10月，中国共产党十七届三中全会提出坚持开发式扶贫方针，实现农村最低生活保障制度和扶贫开发政策有效衔接。

农村低保与扶贫开发有效衔接办法

2009年初，中央一号文件提出"坚持开发式扶贫方针，制定农村低保与扶贫开发有效衔接（以下简称两项制度衔接）办法"，并提出了具体的衔接思路：县级民政部门在对农村最低生活保障对象进行复核时，确定出有劳动能力者，建立农村低保户档案制度；对于其中具有一定劳动能力的低保对象，根据其不同情况，由扶贫开发部门给予扶贫贴息贷款、产业扶贫项目、劳动力转移培训等方面的扶持政策，综合提高贫困农民生计持续自我改善的能力；对于无劳动能力者，仍然只发放最低生活保障金。

扶贫新阶段，着力巩固温饱成果，提高发展能力。2011年5月27日，中国政府颁布实施了《中国农村扶贫开发纲要》，把集中连片特殊困难地区作为扶贫攻坚主战场。这既是对以往工作思路的继承，也是扶贫开发战略、方式的创新。新《纲要》第一次明确了专项扶贫、行业扶贫、社会扶贫三位一体的工作格局。

集中连片特殊困难地区

《中国农村扶贫开发纲要（2011—2020年）》提出，要把连片特困地区作为新时期扶贫开发主战场。这些地区包括六盘山区、秦巴山区、武陵山区、乌蒙山区、滇黔桂石漠化片区、滇西边境山区、大兴安岭南麓山区、燕山－太行山区、吕梁山区、大别山区、罗霄山区等区域的连片特困地区和已明确实施特殊政策的西藏、四省（四川、云南、甘肃、青海）藏区、新疆南疆三地州。做好连片特困地区以外重点贫困县和贫困村的扶贫工作。原定重点贫困县支持政策不变。各省（自治区、直辖市）要制定办法，采取措施，根据实际情况进行调整，实现重点县数量逐步减少。重点县减少的省份，国家的支持力度不减。

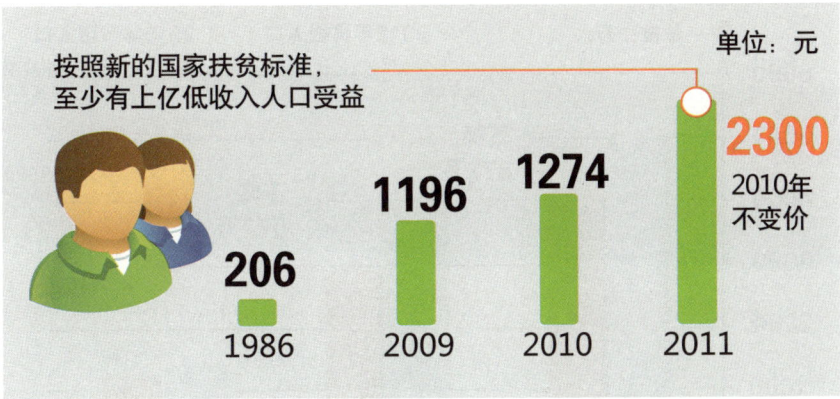

单位：元

按照新的国家扶贫标准，至少有上亿低收入人口受益

206 1986

1196 2009

1274 2010

2300 2011

2010年不变价

中国政府扶贫标准逐步提高

发展：为了更好地生存

作为世界上最大的发展中国家，中国始终将减缓贫困作为国家发展的重要目标和任务，坚持以人为本，努力使经济社会发展的成果惠及全体人民。

政策引导：农村贫困人口大幅度下降

1986 年，中国政府开始制定国家贫困线。按照 1985 年农民年人均纯收入低于 206 元的绝对贫困标准，1986 年中国贫困人口为 1.25 亿。

2008 年，中国明确提出将低收入以下农村人口作为扶贫工作对象，将绝对贫困标准和低收入标准统一为年人均收入低于 1067 元，第一次提高了扶贫标准。2011 年，中国再次大幅度提高扶贫标准，将农民年人均纯收入 2300 元作为新的国家扶贫标准，比原标准提高了 92%；当年农村扶贫对象为 1.22 亿人。

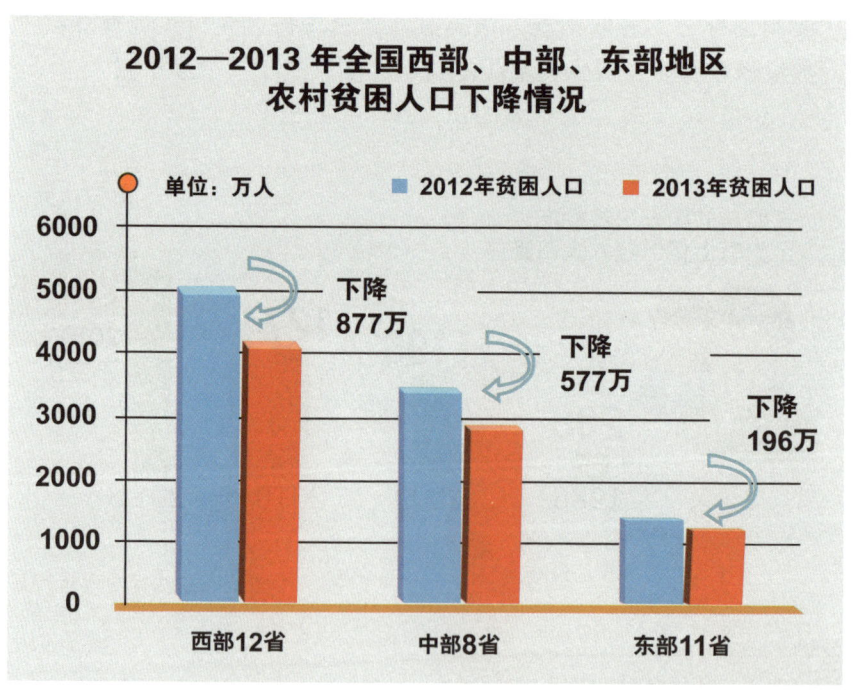

2013 年，根据对全国 31 个省（自治区、直辖市）16 万户居民家庭的抽样调查测算，中国农村贫困人口为 8249 万人。中国提前完成了联合国千年发展目标中到 2015 年使贫困人口比例减半的任务，农村居民生存和温饱问题基本解决。

与此同时，农村贫困人口的收入水平也在不断提高，农民生活消费水平持续上升。

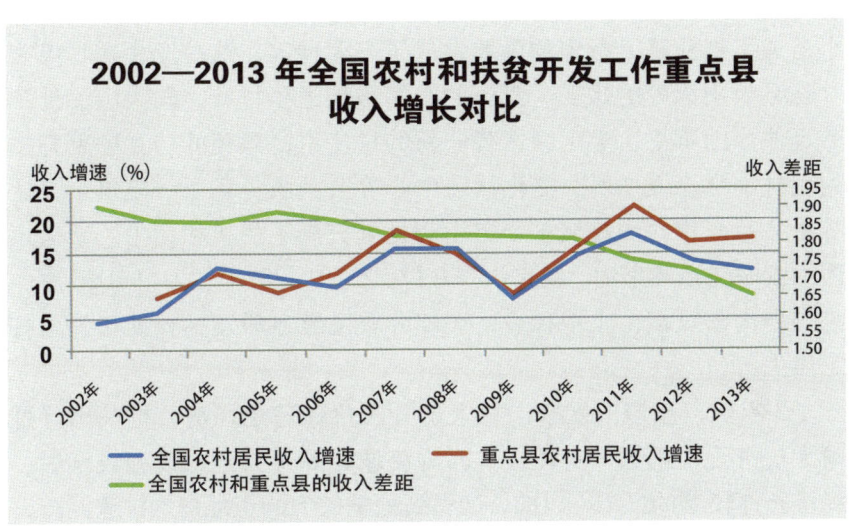

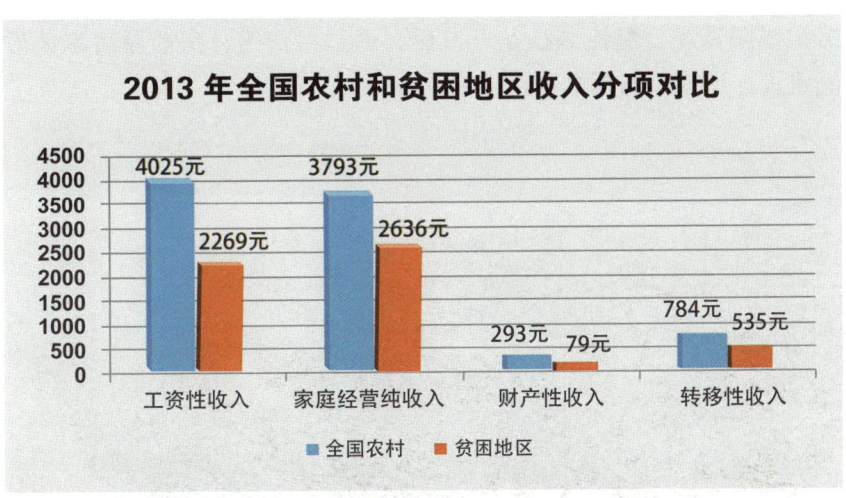

自力更生：贫困人口的自我发展

中共十六大（2002 年）以来，中国农村贫困人口大幅度减少，贫困人口的温饱问题基本得到解决。同时，借助基础设施建设、产业发展、劳动力技能培训以及诸多有利于贫困人口发展的政策措施，变"输血"为"造血"，提高了贫困人口自力更生的能力。

土坯房成了砖瓦房，昔日的泥泞路变成了水泥路，曾经的羊肠小道成了产业路，贫瘠的山坡地成了产业梯田，这是发生在甘肃省甘谷县大山深处的嬗变。盘山的水泥路连通了村社，向大山深处不断延伸；山脚下、半山腰修葺一新的村庄里，漂亮的砖瓦房整齐排列，村小学、卫生所、文化活动中心等公共服务场所一应俱全，让甘谷县新兴镇西沟流域这个穷山沟处处充满了生机和活力。新兴镇西沟流域包括姚家沟、候家沟等9村2231户，其中贫困户1006户。流域内沟壑纵横、土地稀少，大部分农民靠退耕还林补助和外出打工谋生。

3年前，流域内候家沟村大部分农户住着土坯房，村民出行是晴天一身土，雨天一身泥。"西沟流域原是全县基础设施较落后、经济条件较差的区域。以前，这里到处是破旧的土坯房，村道泥泞，乡村卫生院、文化站等社会公共设施极其简陋。"新兴镇候家沟村书记雒阳森说，整流域扶贫开发后，通过对河道、房前屋后等角落的建设，形成了田园式农村风貌。

陇原梯田

为推进西沟流域开发，甘谷县规划了梯田、道路等一系列基础设施项目，以核桃为主的增收产业类项目，以农业实用技术培训为主的提高农民技能、综合素质的科技扶贫项目。

甘谷县康家沟村养殖场

流域内的康家滩村在整流域开发推进中，实现了耕地梯田化、收入有产业，出行道路硬化，村民贷款、就医、上学、安全饮水、住房有保障。全村新修梯田800亩，户均3亩；发展规模养殖11户1650头（只）。截止到2014年，已贷出双联贷款50户250万元，互助资金共计20.4万元，5000元以下贷款不出村就可解决。新建3200平方米文化广场，配套健身器材8套。合作医疗参合率达100%，建成80平方米卫生室。投资400万元建新幼儿园，投资175万元建新小学教学楼。全村安装安全饮水农户达95%。村上已实施危改户153户，基本消除危旧房。所有村组道路全部修通，道路网状格局基本形成。新建核桃园5828亩，形成沿走马梁以南，以衡坪曳山和雒家坪西庄为中心与康家滩相连的万亩果园点。新建塑料大棚4座，种植辣椒、马铃薯，探索形成优质果园套种地膜线辣椒种植模式，有力拓宽农民增收渠道。

种植的辣椒、马铃薯

农民收获瓜果的喜悦

还新建文卫设施 6 处，农业实用技术培训 1900 人次，4 村的扶贫互助社机构均已全部设立并开始运转。

甘谷县全县重点发展蔬菜、果椒、养殖、劳务等支柱产业，2013 年新增蔬菜 1 万亩，建设了集育苗中心、科研中心、农技服务中心、营销中心、农资服务中心、农产品检测中心"六位一体"的甘谷县现代农业示范园，进一步提升了全县蔬菜产业发展水平。全力打造南北浅山区两个百里果品产业带，新建优质果品基地 5 万亩，全县果园面积达到 43 万亩。加快建设"一园、两带、三片"养殖经济圈，累计建成各类规模养殖场（小区）233 个，全县畜禽饲养量达到 241.6 万头（只），畜牧业产值达 3.99 亿元，农民人均牧业收入达到 780 元。初步建成瘦肉型猪、禽蛋、草食畜牧业三大养殖基地。同时，依据各乡镇实际，鼓励引导农民发展辣椒、马铃薯、中药材、花卉等特色优势产业，进一步加快了增收致富步伐。

作为人口大县，劳务输转是扶贫开发的一个重要渠道。甘谷县以"减少土地压力和人口压力"为出发点，把劳务输转作为加快扶贫开发的最大产业和最大项目来抓。2013年输转劳务10.8万人次以上，创劳务收入13亿元以上。在劳动力输转培训上，甘谷县整合扶贫办"雨露计划"、社会局下岗再就业培训、农业局阳光工程三大培训资金，以办学实力强、输转效果好的甘谷县腾达职业技术学校为龙头，走出了一条大规模劳动力跨省输转的路子。

数据显示，2013年，甘谷县农民人均纯收入达4596元，比2012年增长17%。扶贫对象由2012年底的20.28万人减少到2013年底的16.65万人，有3.63万扶贫对象解决了温饱。

区域发展：青山绿水　幸福中国

位于武陵山片区的湖北、湖南、重庆、贵州四省市交叉的边区地带，是国家扶贫开发特别是连片特困地区区域发展与扶贫攻坚的重要领域。近年来，四省市充分利用自身发展的优势及国家扶贫政策的倾斜，在促进扶贫开发与区域发展过程中取得了显著成效，片区扶贫展露新颜。

武陵山风貌

芭蕉侗族乡生态茶园

恩施州扶贫开发的"生态家园"

在湖北恩施州考察行程的 2000 公里内，考察人员没有发现一处粗放型开发地，所见产业基地都是宜产宜居的生态家园。在恩施市八大生态走廊之一的恩施玉露生态茶叶基地，这条长达 25 公里的 1 万多亩生态茶园走廊位于芭蕉侗族乡，蜿蜒的公路在茶山里成网状分布，村村寨寨也就在茶园中星罗棋布，青瓦、白墙、飞檐翘角，与茶园、潺潺溪流和谐相间。

原本贫穷的大山通过巧妙的布局开发，风景宛如一幅秀美精致的山水画。而美丽的风景背后，则是地区雨露茶生态茶业产业发展蒸蒸日上、当地贫困村民脱贫致富的喜人景象。

武隆"小旅游"撬动"大脱贫"

重庆市武隆县地处武陵山和大娄山的峡谷地带，一直以来，山高地少是导致武隆贫困的根本原因。然而，在新一轮扶贫开发中，武隆人民依靠大旅游带动小旅游，加速推进乡村旅游扶贫开发，在

武隆县乡村旅游——大山中的新农村

10 个乡镇 23 个重点村建农家乐、家庭公寓 1257 家，避暑休闲农家 1000 多家。15000 多农户参与乡村旅游开发并因此而脱贫，年收入达 10 多万元甚至几十万元的农户已不在少数。

2012 年，武隆县乡村旅游直接收入 2 亿多元。双河镇的木根村就是武隆县乡村旅游的典型代表。这个距离县城 40 公里的小村，森林植被丰茂，气候凉爽舒适。按照"农耕体验、避暑纳凉、休闲养生"的功能定位，武隆县为木根村量身打造了富有特色的乡村旅游发展项目。

现在的木根村，几乎所有农户门前都挂着自己的农家乐牌子，游客来来往往很是热闹。村民刘莉的农家乐从 2010 年开始运营，现在发展到 20 多张床位，为游客提供包吃包住服务，一年纯收入在 5 万元以上，轻松脱贫。

黔江扶贫搬迁搬出农户"新生活"

重庆黔江区把扶贫搬迁与集镇建设、新农村建设和特色院落建

旧寨与新村

设有机结合，综合运用地票交易等城乡统筹政策，整合资金，统一规划、统筹安置。目前全区已累计完成扶贫搬迁 8234 户，建成了万庆、中元等一批扶贫移民新村。在中元村的易地扶贫安置区，一幢幢两层小楼整齐排列，干净整洁的柏油路直通村寨，村间道路及每家每户的堂前屋后均已硬化绿化，健身广场、污水处理系统等基础设施完善。这里安置着高山边远、地质滑坡农户 73 户。

此外，在扶贫开发过程中，黔江坚持特色产业扶贫，引进和培育龙头企业，目前已经形成以武陵山区山地特色现代农业示范区、阿蓬江现代设施蔬菜示范园区和黔江区仰头山现代农业示范园区三大农业园区为龙头的农业产业集群。在号称"武陵山区别样花果山"的仰头山现代农业示范园区，气候凉爽、空气清新，一望无际的猕

特色现代农业　　　　　　　　　　阿蓬江现代设施蔬菜示范园区

仰头山猕猴桃基地

猴桃基地里套种着向日葵，与蓝天、白云、远山相辉映，美不胜收，令人目不暇接。人们路过园区时，都纷纷驻足在猕猴桃架下与向日葵合影留念。

全球减贫：中国的重大贡献

中国的扶贫开发是全球减贫事业的重要组成部分。中国提前实现了联合国千年发展目标中贫困人口减半目标，为全球减贫事业做出了突出贡献。

联合国千年发展目标

2000 年 9 月，在联合国千年首脑会议上，世界各国领导人就消除贫穷、饥饿、疾病、文盲、环境恶化和对妇女的歧视，商定了一套有时限的目标和指标：消灭极端贫穷和饥饿；普及小学教育；促进男女平等并赋予妇女权利；降低儿童死亡率；改善产妇保健；与艾滋病毒／艾滋病、疟疾和其他疾病做斗争；确保环境的可持续能力；全球合作促进发展。这些目标和指标被置于全球议程的核心，统称为千年发展目标（MDGs）。千年发展目标——从极端贫穷人口比例减半，遏止艾滋病毒／艾滋病的蔓延到普及小学教育，所有目标完成时间是 2015 年——这是一幅由全世界所有国家和主要发展机构共同展现的蓝图。这些国家和机构已全力以赴来满足全世界最穷人的需求。

世界银行行长保罗·沃尔福威茨在 2005 年 10 月访问中国时说："众所周知，中国在过去 20 年是亚洲增长最快的经济体，并在此期间帮助 4 亿多人口脱离了每天一美元的贫困线。这是一个惊人的事实，中国的减贫成就举世瞩目。"

中国是一个农业人口占多数的国家，长期以来形成的城乡二元结构，造成贫困人口绝大多数分布在农村，扶贫开发的主要对象就是农民。按照中国政府的扶贫标准，1978 年时，中国农村尚未解决温饱问题的绝对贫困人口多达 2.5 亿，占当时农村居民总人口的 30.7%；现在，绝对贫困人口减少到 1479 万后，所占农村总人口的比重也就下降到 1.6%。据国际组织提供的数据，从 1990 年到 2007 年，中国减少的贫困人口数量占全球比重超过七成，中国是第一个提前实现联合国千年发展目标中贫困人口比例减半任务的国家。

中国的扶贫成就对联合国千年发展目标的贡献

中国的农村扶贫成就对全球的扶贫事业做出了突出贡献，成为联合国千年发展目标能否顺利完成的决定性因素。按 1 天 1 美元的收入标准衡量，1990 年全球贫困人口为 12.8 亿，到 1999 年全球贫困人口仍高达 11.7 亿，年均下降 1%。南亚、东欧和中亚、撒哈拉以南非洲以及中东和北非的贫困人口都在增加，只有中国所在的东亚和太平洋地区的贫困人口在大幅度减少，由 1990 年的 4.5 亿下降到 1999 年的 2.7 亿，年均递减 5.5%。按 1 天 1 美元的消费支出标准衡量，中国同期贫困人口减少 1.4 亿。

改革开放以来，中国减贫的历史性成就加速了全球减贫的进程，扭转了之前 50 多年世界贫困人口一直上升的趋势，使世界贫困人口首次下降。中国带领 6 亿人脱贫意味着，世界上没有其他国家能比得上中国对人权所做的贡献。

世界煤炭联盟首席执行官弥尔顿·卡特林认为，中国是全球减贫最成功的国家，其中电气化是助推经济和基础设施建设的关键，有效地帮助百姓脱离贫困。

世界银行 2013 年 4 月 17 日发布的《世界发展指标》报告称，1981 年至 2010 年，占世界极度贫困人口前 3 位的国家和地区为：撒哈拉以南非洲、印度和中国。其中，撒哈拉以南非洲、印度的贫困人口总数占世界极度贫困人口的比例 30 年来有所上升，而中国这一比例从 1981 年的 43% 显著下降至 13%。

联合国亚太经社会 2013 年 4 月 18 日在泰国曼谷发布的《2013 年亚洲和太平洋经济社会概览》认为，亚太区域仍有 8 亿多穷人挣扎在每天 1.25 美元的贫困线以下，占全球穷人总数的近 2/3。

"中国是实现联合国千年发展目标的'No.1'国家，特别是在减贫方面进步巨大，为全球做出了很大贡献。"潘基文在 2011 年首先对中国在千年发展目标方面的表现给予如此评价。他还表示："东亚的贫困率到 2015 年有望降至不到 5%，而这个成果在很大程度上归功于中国经济的巨大发展。"

第二章

中国扶贫体系

1986 年，国务院扶贫开发领导小组正式成立，中国开始了大规模、有组织的扶贫开发进程，并在这一进程中逐渐建立起从中央到地方的各级政府扶贫机构和社团机构，不断完善以区域发展政策、"三农"发展政策、扶贫开发政策为主的政策行动体系，为扶贫开发奠定了坚实的组织基础和政策基础。

严密的组织体系

从中央到地方的各级政府扶贫机构以及国务院扶贫办直属事业单位和主管社团构成了中国扶贫开发的组织体系。

中国各级政府扶贫机构。中国政府于 1986 年 5 月 16 日正式成立了国务院扶贫开发领导小组。中国国务院扶贫开发领导小组是国务院的议事协调机构，由国务院分管农村工作的副总理或国务委员兼任组长，成员包括国务院办公厅等 30 多个单位。扶贫开发领导小组下设办公室，即国务院扶贫开发领导小组办公室（简称"国务院扶贫办"），负责办理日常工作。

国务院扶贫开发领导小组成员单位名单

扶贫办	总政治部	发展改革委	财政部	农业部	人民银行
民政部	外交部	教育部	科技部	国家民委	
人力资源社会保障部		国土资源部	环境保护部		
住房和城乡建设部	交通运输部		商务部	水利部	文化部
卫生部	人口计生委	国有资产管理委员会		广电总局	
统计局	林业局	旅游局	农业银行	供销总社	全国总工会
共青团中央	全国妇联	中国残联	全国工商联		

国务院扶贫开发领导小组的基本任务

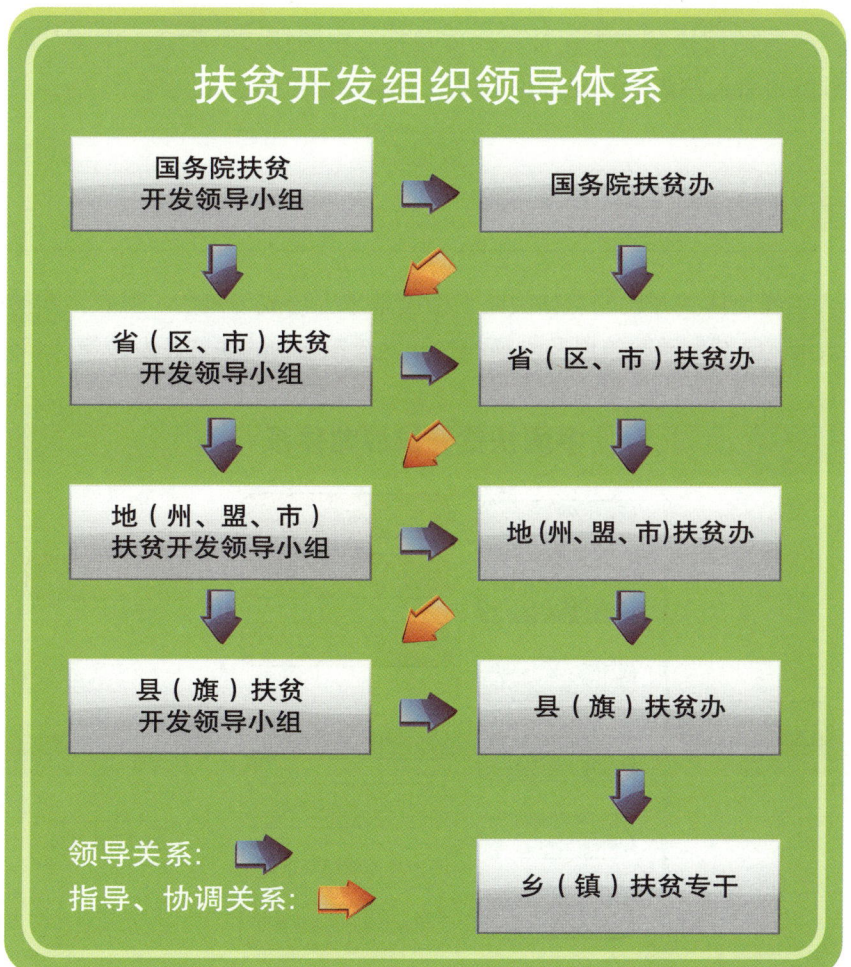

拟订扶贫开发的方针、政策和规划

协调解决扶贫开发中的重要问题

组织调查研究

审定中央扶贫资金分配计划

检查、指导各省、自治区、直辖市扶贫开发领导小组的工作

扶贫开发组织领导体系

| 国务院扶贫开发领导小组 | → | 国务院扶贫办 |

省（区、市）扶贫开发领导小组 → 省（区、市）扶贫办

地（州、盟、市）扶贫开发领导小组 → 地(州、盟、市)扶贫办

县（旗）扶贫开发领导小组 → 县（旗）扶贫办

乡（镇）扶贫专干

领导关系：
指导、协调关系：

国务院扶贫办直属事业单位和主管社团。国务院扶贫办直属事业单位如图。

国务院扶贫办主管社会团体包括：中国扶贫基金会、中国扶贫开发协会、中国老区建设促进会、友成企业家基金会。

立体的战略体系

围绕扶贫开发的总体战略，中国基本上形成了包括"三农"发展政策、区域发展政策以及专项扶贫开发政策在内的扶贫开发政策体系。

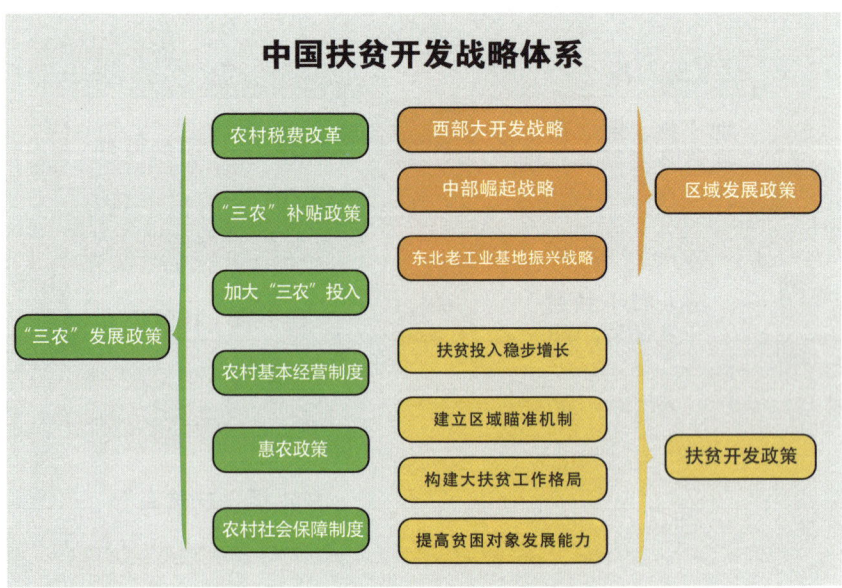

中国农村扶贫开发战略体系

奋斗目标	基本方针	对象重点	内容途径	政策保障	组织领导
尽快解决少数贫困人口温饱问题，进一步改善贫困地区的基本生产生活条件，巩固温饱成果，提高贫困人口的生活质量和综合素质，加强贫困乡村的基础设施建设，改善生态环境，逐步改变贫困地区经济、社会、文化的落后状况，为达到小康水平创造条件	坚持开发式扶贫方针 坚持综合开发、全面发展 坚持可持续发展 坚持自力更生、艰苦奋斗 坚持政府主导、全社会共同参与	贫困地区尚未解决温饱问题的贫困人口和初步解决温饱问题但发展水平仍然很低的低收入人口	发展种养业 推进农业产业化经营 改善贫困地区基本生产生活条件 科技扶贫 劳务输出和易地扶贫搬迁 鼓励多种所有制经济组织参与扶贫开发	加大投入力度 结合西部大开发，促进贫困地区发展 开展社会扶贫	落实扶贫工作责任制 加强贫困地区干部队伍建设和基层组织 加强扶贫资金审计 加强扶贫开发统计监测 稳定和加强扶贫开发工作机构

"三农"发展多管齐下

"三农"发展政策是中国政府统筹城乡经济社会发展方略，实施工业反哺农业、城市支持农村、"多予少取放活"方针的具体体现。从完善农村基本经营制度到启动农村税费改革、实施农业补贴、建立农村社会保障制度，中国实施了一系列强农、惠农、富农政策，并不断加大"三农"发展投入，以全面促进农村经济社会发展，使贫困地区和农村贫困人口普遍受益。

财政兑付四项农业补贴，千万农民直接受益

2013 年，山东省财政积极筹措资金，共兑付农业补贴 106.66 亿元，使全省 1412 万户农民直接受益。其中，兑付粮食直补、农资综合补贴资金 78.63 亿元，补贴标准由 2012 年的 120 元／亩提高至

小麦、玉米、水稻、奶牛

125 元／亩，并对符合条件的种粮大户进行奖补；兑付良种补贴资金 14.33 亿元，对全省 5547 万亩小麦、5848 万亩玉米、775 万亩棉花和 162 万亩水稻全部进行补贴，并继续在优势产区实施奶牛、生猪、肉牛、肉羊以及花生和马铃薯良种补贴；兑付农机购置补贴资金 13.7 亿元，在进一步扩大补贴资金规模和补贴机具种类的基础上，启动实施农机报废更新补贴试点，全省共补贴各类优质农机具 29.1 万台（套），机械化和规模化作业水平明显提升。

农业补贴政策

农业补贴政策是国家对农业生产、流通和贸易进行的转移支付，是一国政府对本国农业支持与保护政策体系中最主要、最常用的政策工具。借鉴国际经验，中国政府探索建立了符合WTO 规则和国情的农业补贴制度，即以"四补贴"为代表的补贴政策，包括对种粮农民直接补贴、农资综合直补、良种推广补贴和农机具购置补贴。

医疗双保险，农民更敢看大病

家住山东省德州市平原县王打卦乡张庄村的村民许尚志，2013年4月因急性心肌梗塞搭了两个支架，整个治疗过程花了8.1万多元。"新农合报了4万元，没寻思还能再报一次。"他说，"亏了二次报销又报了2.2万元，要不现在外边还欠着债呢！"

许尚志口中的"二次报销"，是山东省2013年开始实行的新农合大病保险。一年来，大病保险大大减轻了参合农民的医疗支出负担，与新农合一起构成"双保险"，让不少患者家庭与"想治不敢治"的历史告别。

新型农村合作医疗制度

新型农村合作医疗制度，简称新农合，是由政府组织、引导、支持，农民自愿参加，个人、集体和政府多方筹资，以大病统筹为主的农民医疗互助共济制度。2002年10月，中国明确提出各级政府要积极引导农民建立以大病统筹为主的新型农村合作医疗制度。2009年，中国做出深化医药卫生体制改革的重要战略部署，确立了新农合作为农村基本医疗保障制度的地位。

事实上，除新型农村合作医疗制度以外，中国政府已于2007年决定在全国农村全面建立最低生活保障制度，将家庭年人均纯收入低于规定标准的所有农村居民纳入保障范围，稳定、持久、有效地解决农村贫困人口温饱问题。截至2011年底，全国农村低保覆盖2662.6万户5313.5万人；2011年全年共发放农村低保资金606.9亿元，平均保障标准为每人每月143.2元。同时，对农村丧失劳动能力和生活没有依靠的老、弱、孤、寡、残农民，国家继续实行五保供养，即在吃、穿、住、医、葬等方面给予生活照顾和物质帮助。截至2011年底，全国农村五保供养的对象为531.3万户552万人，基本实现"应保尽保"。2009年，中国开展了新型农村社会养老保险试点工作，到2011年7月已覆盖全国60%的农村地区。新型农村养老保险制度，2012年底覆盖全部农村地区。

新型合作医疗制度、农村五保制度、最低生活保障制度以及新型农村养老保险制度，构成了中国农村的社会保障制度体系，为贫困人口构筑了"最后一道保障线"。

"两免一补"惠农政策，政府助学温暖贫困学子

"今年我才交10块钱。"山东省临沭县三株希望小学五年级二班的学生文巧玲这样告诉调查的记者。据了解，在国家实施"两免一补"政策前，文巧玲上学一年要交的费用是杂费180元、课本费110元、作业本费20元，共计310元。实施"两免一补"后，国家一年就为她节省上学的费用300元。像文巧玲这样，山东临沭县每年有近6万名义务教育阶段学生享受"两免一补"，节省支出共计2575万元；同时还有5%的寄宿生每年又能从政府手中领取8.7万元困难寄宿生生活补助。这实实在在的实惠让6万学生家庭感受到政府的关怀与温暖。

农村义务教育"两免一补"政策

农村义务教育"两免一补"政策是中国政府对农村义务教育阶段的贫困家庭学生，给予免除书本费、杂费，补助寄宿生生活费的一项惠农政策。同时对于国家新安排的公益性基本建设项目减少或取消县以及县下配套，率先在国家重点县实行。

中国西部大开发15年巡礼

1999年，29岁的四川省金堂县农民雷芳背井离乡，远赴千里之外的广东打工谋生。2009年，雷芳在家乡的一个制衣厂找到了收入不错的新工作。

1999年底至2000年初，中国政府决定在面积685万平方公里、囊括3.5亿多人口的广袤地区实施西部大开发战略，拉开了建设新西部的宏伟篇章。西部大开发战略实施后，千千万万的西部人民像

中国西部大开发的范围

雷芳一样得到了实惠。

　　中国西部大开发的范围主要包括重庆、四川、贵州、云南、西藏、陕西、甘肃、青海、宁夏、新疆、内蒙古、广西 12 个省区市。整个西部地区面积约占全国的 71%，人口约占全国的 29%，其中少数民族人口占全国的 75% 左右。

　　1999 年—2009 年中国实施西部开发战略的 10 年间，西部地区快速崛起，GDP 年均增长率达 11.42%，较全国平均水平高出近两个百分点，是中华人民共和国成立 60 年来发展最快的 10 年，地区基础设施建设、生态环境建设、居民收入等均取得突破性进展。

起航：改革开放催生西部大开发

　　西部大开发与中国的改革开放和现代化建设进程息息相关。20 世纪 90 年代末，东部沿海地区在对外开放以及国家发展政策的倾斜下率先发展起来，而东部与中西部地区的发展差距也在逐步扩大。当时，西部人均国内生产总值只有东部的40%，农民人均纯收入只有东部的一半。人口与西部地区大体相当的上海、江苏、浙江、广东和山东5省市，GDP却是西部的2.5倍以上。

西部地区的发展已远远落后于东部，迫切需要加快改革开放和现代化建设的步伐。2000年1月，中国政府对实施西部大开发战略提出了明确要求，国务院成立了西部地区开发领导小组，正式拉开了西部大开发战略的实施序幕。

发展："大开发"带来"大变化"

"蜀道难，难于上青天"，唐代（618—907）李白惊魂动魄的千古绝唱，千百年来一直把四川交通落后的情景定格在人们心中。

但这种状况却在西部大开发建设中彻底改观了。干线公路联网畅通工程、甘孜州公路推进工程、凉山州交通推进工程、农村公路改善工程、客运站提升改造工程等相继推进实施，"蜀道通"改写了"蜀道难"，并向"蜀道畅"加速迈进。

新蜀道

　　水，是生命之源。然而在甘肃，十年九旱，缺少的正是水。如果时光倒流至十几年前，通渭县三铺乡党堡村村民白秀英做梦也想不到，这辈子能和城里人一样喝上自来水。

　　正是在西部大开发中，西部地区水利实现了从传统工程水利向现代水利、可持续发展水利的重大发展转变，自来水流进了农家院。

　　四川公路交通、甘肃水利的变化仅仅是西部大开发建设的一个缩影。10 多年来，国家不断加大对西部地区交通、水利、能源、通信、市政等基础设施建设的支持力度，极大地改善了西部地区基础设施建设的水平，为西部贫困落后地区脱贫致富奠定了坚实基础。

　　据统计，2000 年至 2008 年，国家在西部地区累计新开工重点工程 102 项，投资总规模达 1.7 万亿元，青藏铁路、西气东输、西电东送、国道主干线西部路段和大型水利枢纽等一批重点工程相继建成，西部地区基础设施建设取得了突破性进展。

　　其中，公路建设成效显著。"五纵七横"国道主干线西部路段 1.6 万公里全线贯通，西部开发 8 条省际干线公路 1.8 万公里已于 2010 年全面建成；贫困县出口路、通县油路、县际公路陆续建成通车；通乡公路建设全面启动，乡（镇）、建制村公路通达率分别实

青藏铁路

西气东输

现 99.6% 和 88.54%。

铁路建设日新月异。航空事业快速发展。截至 2009 年底，西部地区民用运输机场数量达到 81 个，占全国机场总数的 49.4%。

水利设施建设成绩斐然。广西百色、四川紫坪铺、宁夏沙坡头、内蒙古尼尔基等大型水利枢纽相继建成并发挥效益。2001 年至 2008 年堤防长度增加 5812 公里；农田有效灌溉面积净增 5480 多万亩，节水灌溉面积增加 5700 多万亩；水土流失治理面积 4.6 万平方公里；解决了西部地区农村 9437 万人饮水困难和安全问题。

"五纵七横"国道主干线西部路段贯通

能源资源开发建设突出。着眼于西部能源资源开发与东部经济发展密切结合的西气东输、西电东送等重大标志性工程有效推进，西气东输和西电东送工程 2000—2009 年累计投资达到 6700 多亿元，从西南地区通向广东，从三峡通向华东、广东，从西北地区通向华北和华东，架起了东西共赢的能源通道。

通信工程建设惠及西部百姓。"送电到乡"工程基本解决了西部地区无电乡镇的通电问题；"村村通广播电视"工程基本解决西部地区 50 户以上通电自然村农民收听收看广播电视问题。

继续：站在历史的新起点

2012 年，中国共产党第十八次全国代表大会召开。报告在阐述中国区域发展总体战略时指出，要充分发挥各地区比较优势，优先

广西马山县大弄山群众人扛肩挑广播电视发射台设备

推进西部大开发，全面振兴东北地区等老工业基地，大力促进中西部地区崛起，积极支持东部地区率先发展；对西部大开发的内涵进行了进一步深化和细化，并提出开发的新思路，掀开了深入推进西部大开发的历史新篇章。

2014年，中国继续加大对西部大开发的支持力度，重点支持西部地区基础设施建设、民生改善、生态环境保护和特色优势产业发展，着力解决西部地区交通和水利两块"短板"问题。

机遇与挑战并存，勇气与困难同在。西部大开发正站在新的历史起点上，相信勤劳勇敢的西部人民在国家政策指引下将更加努力，建设更美更好更富的新西部。

湖南怀化的"深度扶贫"创新

2011年底，中国政府发布了《中国农村扶贫开发纲要》以及《武

湖南怀化地貌

陵山片区区域发展与扶贫攻坚规划》，首次将 14 个连片特困地区确定为扶贫攻坚的主战场，并提出此后中央财政专项扶贫资金的新增部分主要用于片区。

位于湖南省西部的怀化市，自古就有"黔滇门户""全楚咽喉"之称，是中国东中部地区通向大西南的桥头堡和重要的交通枢纽城市，有"火车拖来的城市"之称。

鹤城怀化，期待像鹤一样展翅高飞，声震长空。然而，曾经很长一段时期，贫穷就像一副沉重的枷锁，将这只鹤牢牢"锁"在武陵深山中。

"扶贫工作于我而言，就像一座沉重的大山，压在头顶上。"怀化市市长李晖的一句话道出了怀化的贫困之重、扶贫之艰。新规划的武陵山扶贫片区，共涉及 71 个区县，而怀化的 13 个县（市、区）全部入选；全市有近 88 万贫困人口，相当于每 6 个人当中就有 1 个，是武陵山片区贫困人口最多、区域最广的地区。

"要搬掉这座大山，不能表面用力，而要连根拔起！"李晖说，扶贫依然是怀化的头等大事。

2012 年，怀化市政府启动了"扶贫攻坚三年行动计划"，积极落实国家扶贫开发政策，集中瞄准特困群体，向深度贫困宣战，对贫困村进行精准扶贫，到户到人扶贫攻坚，摸穷底，拔穷根，兴产业，真正将扶贫扶到根上。

扶贫瞄准：深度扶贫先啃"硬骨头"

"扶贫不能一年推一年，一年等一年，必须有一个能让困难群众看得见、摸得着、能受益的实实在在的行动。"怀化市政府主要领导多次深入贫困村调研，召集相关部门开"诸葛亮会"研讨扶贫。

扶贫先扶谁？怎么扶？在一些地区，年年扶贫年年贫，代代扶贫代代穷。湖南省社科院农村发展研究所所长王文强认为，扶贫资源是有限的、分散的、缺乏持续性的，搞扶贫工作"乱撒胡椒面"，自然无法"看真贫、扶真贫、真扶贫"。这样的方式在怀化以前的扶贫工作当中一度存在，有限的扶贫资金散落到"无限"的贫困对象和宽泛的扶贫项目当中，结果是事与愿违，表面上普遍得实惠，实际上"真贫"难以扶到位，返贫现象十分严重。

因此，为了合力精准扶贫,怀化市摸索出了一套"深度扶贫"理念。也就是从最难啃的"硬骨头"啃起，瞄准全市 98 个人均年收入少于1000 元，交通、产业、基础设施最为落后的深度贫困村，按照整村推进模式，逐村分析原因、找准对策，整合项目、整体开发，集中资金投入，加大扶持强度，以及实施一些超常规措施进行重点帮扶。2012—2013 年两年间，长期困扰深度贫困村的"五通"（通路、通电、通水、通广播电视、通讯）等基础设施建设及产业建设问题得到了集中突破。

深度扶贫取得的显著成效让怀化市啃"硬骨头"的信心大增，政府果断推进：以 98 个村为圆心，将积累的有效经验辐射到全市523 个贫困村。同时，对扶贫的精准度又提出了更高要求：扶贫必须到户到人。

"摸清穷底是精准扶贫工作的基础，一定要把真正的贫困户找出来！"李晖表示，人情扶贫、按指标分配名额等现象是对百姓最大的不敬，在对贫困人口精准识别过程中，她最担心"一部好经被歪嘴和尚给念歪了"。

为杜绝"建档立卡"过程中不负责任的现象，怀化市结合当前群众路线教育实践活动，让干部蹲下身子进村入户调查摸底，实事求是摸清贫困户的数量和贫困度，并向村民张榜公示确定扶持名单，再由市、县两级扶贫办对各乡镇贫困人口识别的细致度和精准度进行抽查，确定扶贫对象是否精准。

扶贫思路："小土豆"故事引出大教育

瞄准了贫困对象，还需找到贫困根源，挖掉穷根。

"湖南的教育穷在大湘西，大湘西的教育穷在怀化。"这样的感慨在李晖看来却是沉甸甸的现实。她举例说："作为一市之长，同样为人父母，每次到基层调研的时候，我心里都非常非常难过。农村的寄宿制学校往往是两个孩子挤一张床，有的就是打地铺。"

在一次连续多日的驻村调研中，一则"小土豆"的故事，让李晖感触极深："扶贫不仅要给吃给住建房修路，更需'扶脑袋'，而'扶脑袋'必须要'洗脑袋'，通过教育培训'长智慧'。"

沅陵县太常乡罗家村是国定贫困村，也是李晖深度扶贫工作中的联系点。为帮助村里调整产业结构，2013年秋天驻村扶贫工作队向村里免费发放了土豆种苗，指导部分村民种土豆增收。2014年年初，新上市的小土豆价格不错。见此情形，不少农户想当然地认为小土豆挣小钱，等小土豆长大了自然就挣大钱，于是惜售不卖，最终土豆集中上市后价格立即回落；而另一部分村民见行情好，则把本该预留做种的土豆也全部卖掉，一心等着再有免费的种苗可以领取。

"或不懂市场规律盲目判断行情，或不为长远生产考虑，'等、靠、要'思想严重，都是困难群众认识不足导致的。"李晖说，扶贫切忌头痛医头、脚痛医脚，急功近利，绝不能让贫困代代相传。

"小土豆"事件给贫困村民和扶贫工作者上了生动一课。为了做好课业答卷，怀化市重点做好两个三年行动计划：一个是扶贫攻坚到人到户三年行动计划，一个是推进义务教育均衡发展三年行动计划。两个行动计划互为整合，互为推进。

在此基础上，怀化以"就学保障到人工程"和"就业培训到人"为突破口推行就学补助制，即每年从培训资金中给每个贫困村安排2万元助学基金对贫困学生给予补助。

目前，怀化正在筹划一件大事：把袁隆平院士曾经工作过的地方、杂交水稻的发源地——怀化安江农校，打造成一个武陵山片区乃至国家级的扶贫培训中心。

扶贫投入：政府、市场、社会一个也不能少

推进深度贫困村扶贫攻坚，投入是关键。为筹措资金，怀化市建立了资源整合机制。

专项扶贫是中国扶贫开发的重要形式。就国家扶贫投入来看，政府专项扶贫资金从来源上主要分为中央财政和地方安排的财政扶贫资金。怀化市本身就是贫困地区，自身的财政能力有限，而在扶贫过程中，政府依然想方设法增大财政专项扶贫的投入。一方面，政府严格按照整村推进的标准，每个村落实中央、省财政扶贫资金100万元，另一方面，2012—2015年市县财政每年安排2000万元，给每个村配套支持20万元以上，加上省扶贫办特殊支持的每年2000万元，至2015年市一级帮扶的50个村每村可稳定获得财政专项扶贫资金340万元，县一级帮扶的48个村每村可获得180万元。

同时，为发挥行业部门在地区扶贫开发中的作用，怀化市充分发挥市、县扶贫开发领导小组的综合协调职能，每年由扶贫办依据村级规划制定年度项目实施计划，由领导小组将任务分解到各行业部门，并列入单位年度绩效考核范围，确保该做的项目一个不落下，用出的钱一分不浪费。2012—2013年，怀化市共整合交通、水利、电力、国土等行业部门项目资金达2.1亿元，最多的村达600多万元。

撬动信贷资金投入扶贫，从市场上寻求扶贫开发的持续动力也是怀化市扶贫创新的重要探索。怀化市创建了产业扶贫资金担保贷款模式，在条件成熟的贫困村，由县产业扶贫资金出80%、项目合作企业出10%、贫困农户出10%的比例成立产业扶贫担保金，并存入县

农村信用社，为全村贫困户申请产业贷款提供担保。信用社按担保金总额5—8倍的额度向有发展产业意向的贫困户发放担保贷款。

扶贫模式：产业发展激发致富新能量

"扶贫开发就得让贫困村换'穷'业、兴'富'业。"怀化市扶贫办主任岳安说，以前在产业扶贫中遇到两大难题：一是半数扶贫资金要落实到人头，容易导致资金分散零星开发。二是一个村的产业发展仅扶贫困户是不够的。不扶一般户，群众不答应；不鼓励大户，就会缺少领头羊；必须贫困户、一般户、大户三者统筹兼顾。

为解决这些难题，怀化市扶贫办按照"资金跟着穷人走，穷人跟着能人走，穷人能人都跟着产业走，产业项目跟着市场走"的产业扶贫模式，开展了一系列探索。

怎样才能做到真扶贫、扶真贫？怀化市扶贫办副主任林华的看法是，扶贫态度上必须"学雷锋"，但扶贫方式上不能过多"学雷锋"，要摒弃过去政府是扶贫"救世主"的认识，而要在遵循市场

枝头红杨梅

规律、增强农民自我造血能力的基础上发展产业。因此，怀化实践总结出四种最受贫困户欢迎的产业开发模式：示范园带动、企业订单、融资合作和股份合作。

紧邻怀化市区的芷江侗族自治县开辟了一条融资合作之路。"一个户口本，一张身份证，两个红手印就能在农业银行短期贷款 5 万元参与和翔鸭业入股，一年后参与企业分红。"这一由企业担保、扶贫对象贷款融资入股到龙头企业实施规模养鸭、年终分红的经营模式，使得 94 户扶贫对象受益。不用从口袋掏一分钱，仅仅凭借信用就能从银行贷款入股，过去每人 400 元的扶贫资金便"孵化"出如今 4000 元的入股分红。此外，贫困户还可作为工人在企业赚得一年近 3 万元的务工收入。

"创新和翔鸭业金融合作这一个支点，让有限的扶贫资金起到了四两拨千斤的撬动作用。"湖南省扶贫办主任王志群说。

"产业扶贫带动了经济发展，更催动了思想的解放。"岳安说，"订单模式"启动后，村民不再一味"埋头种地"，还学会"抬头看天"找市场了。

靖州苗族侗族自治县是"中国杨梅之乡"。2014 年春节前夕一场偶然的大火，烧光了包括太阳坪乡诸葛村在内的近万亩荒山。如何变祸为福？县扶贫办引进湖南靖州湘百仕杨梅酒业有限责任公司，把烧光的山林开发成一个万亩杨梅酒基地。靖州县扶贫办主任石安说："育杨梅林，喝杨梅酒，就杨梅业，让杨梅树真正成为农民脱贫的致富树。"

有梦想，有行动，总会有希望。怀化这座曾经被贫困锁住的山城如今已挣脱桎梏、活力迸发；近 88 万贫困人民将彻底走出"青山绿水下的贫困"，实现山窝窝里的"致富梦"。

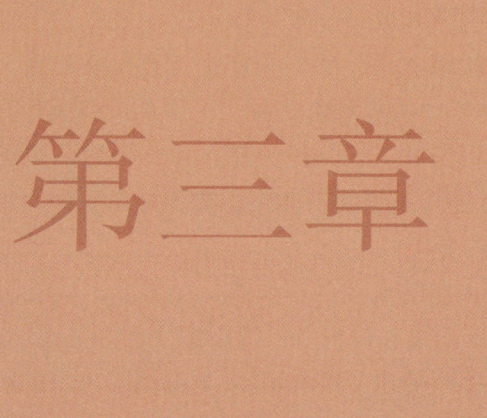

第三章

百花齐放

专项扶贫结硕果

专项扶贫是指由中国国家财政安排专项资金支持，由地方各级政府和相关部门（主要是扶贫部门）组织实施的扶贫活动。其中，整村推进、劳动力培训、产业扶贫、以工代赈、易地扶贫搬迁等是国家专项扶贫的主要模式。

整村推进

整村推进是指以贫困村为基本单元，以贫困人口为对象，以村级扶贫规划为依据，以村级经济、社会、生态、文化协调发展为目标，以稳定解决温饱为主要内容的扶贫开发工作措施。

据统计，2001—2010 年，中国在 12.6 万个贫困村实施了整村推进。其中，革命老区、边境地区和人口较少民族地区的贫困村全部得到实施，极大地促进了贫困地区新农村建设。"十二五"（2011—2015）期间，中国还将在集中连片特困地区和片区外重点县选定 3 万个贫困村，分期分批组织实施整村推进。

彭水县农村

重庆彭水整村推进：贫困村庄变化大

位于重庆直辖市东南部的彭水苗族土家族自治县，地处武陵山区，乌江下游，境内居住着苗族、土家族、蒙古族等 11 个少数民族，是武陵山连片集中特困地区的一个典型贫困县。2011 年，彭水县启动了县内 23 个行政村的整村推进扶贫项目，仅财政扶贫资金就投入 2121 万元，其中大部分资金用于当地基础设施建设。

2012 年，记者来到彭水县石柳乡石柳村，村支部书记周庆良指着村里的一片青蒿地介绍：2011 年这里还是一片荒地，自从启动整村推进扶贫项目，实施了改土工程后，成为了一块"宝地"。

谈到改土工程，该村 2 组村民刘子枫顿时来了精神。由于子女均在外务工，留下 70 多岁的他独自在家，家里有 6 亩地实施了改土工程。今年，黔江一吴姓老板在此租用 50 亩改土后的撂荒地种植青蒿，他得到了 300 元钱的土地流转费。他平常还在基地里帮忙砍砍杂草、移栽育苗、管理青蒿，半年下来挣了近 1000 元。"这都是改土工程给我们带来的实效。"刘子枫脸上露出了笑容。

石柳村自 2011 年启动整村推进扶贫以来，基础设施得到明显改善。全村完成了 96 户 C、D 级危房改造；完成了 2 公里村级公路的延伸、扩宽、硬化，以及街道两旁绿化带建设；新修、整治了 8.6 公里组级公路，彻底解决了 400 余户 1200 多人的出行难问题；新修人行便道 13 公里，大大改善了人居环境；还对 300 亩撂荒地实施了改土工程，这些撂荒地如今已全部种上了烤烟、紫苏、红高粱、青蒿等作物……

红高粱、青蒿

目前，通过实施整村推进，石柳村通村、通组公路或产业发展道路的修建，基本解决了当地村民的出行及农产品运输难问题；水池的修建，解决了产业发展用水和人畜饮水安全问题；而配合实施的农村电网改造、公路桥建设、厂房修建等，则为当地经济发展奠定了基础。

劳动力培训

2004 年开始实施的劳动力培训又称"雨露计划"，是中国扶贫系统从事人力资源开发的主要平台。

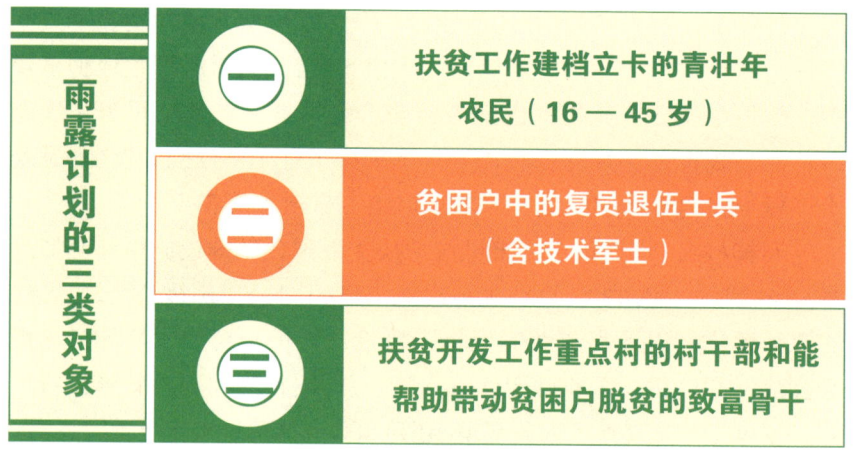

广西百色劳动力培训：让农民教农民的"农家课堂"

广西"农家课堂"，是选择经培训的农村党员中心户、科技能手、致富能人做老师，在家设立课堂，组织贫困村农民根据自身需求选择培训户（家庭课堂），与其同吃、同住、同学习，在田间现场操作观摩，由农民培训农民的培训学习方式。自 2005 年 6 月"农家课堂"推广以来，培训内容日益丰富，方式更加灵活，成为广西地区农村党员培训、农民生产技术培训、农村科技文明信息传播的重要阵地和主要方式。

利用"农家课堂"资源，百色市进一步开展了培训教师进"农家课堂"、媒体资源进"农家课堂"、人才培养进"农家课堂"的"三进"活动，以指导和提升培训水平。为此，百色市政府投入经费600多万元支持"农家课堂"建设，全市共建立"农家课堂"培训户2166户，实现了每个行政村都有"农家课堂"培训户。同时，培训的项目包括了特色种植、特色养殖、特色加工业和饮食服务业等30多项。目前，"农家课堂"培训户已办班3.8万多期，培训党员群众19万多人次，发挥出"办一方'农家课堂'，兴一个产业，育一批人才，富一方百姓"的积极作用。

2006年早春，在平果县新安镇新安村布思屯的"农家课堂"——共产党员禹金陵创办的大禹兔业公司，禹金陵正在举办第8期培训班，为当地农民讲授科学养兔知识。禹金陵说，他这个"农家课堂"是2005年11月办起来的，至2006年3月已培训8期70多人次。公司建有兔舍10间，养殖种兔800多只，年产商品兔8万只以上。

"这些种兔可以扶持多少农户发展？"

"300户。"

"照这个计划，每一个农户能够增加多少收入呢？"

"每一个农户计划每年增加2万块钱。"禹金陵这样向记者介绍着种兔养殖的效益。

据了解，"农家课堂"培训工程深受农村党员和农民群众的普遍欢迎。田东县县长王西翼告诉记者，乡镇干部和农民都有赞颂"农家课堂"的山歌。乡镇干部唱的是：农村工作很迷茫，不用收钱不催粮；农家课堂是舞台，谁有本事谁吃香。农民唱的是：要想生活奔小康，农家课堂是桥梁；农民学会搞种养，致富恩情不忘党。

王西翼解释，乡镇干部唱的山歌表明"农家课堂"解决了当前农村干部干什么的问题。减免农业税以后，一些乡镇干部感到无所事事，不知道做什么。有了这个载体以后，他们懂得，只有利用这个载体去服务群众才能得到群众的欢迎，也只有在服务群众中才能展示自己的才干。农民唱的山歌反映的是，现在农家课堂教会他们搞种养的真本领，使他们尽快走上富裕路。

广西百色在长期的实践中探索创新的"农家课堂"培训方式，

把农村技术培训班办到农家，由农民培训师现身说法，择其成功发展的种养业项目现场操作观摩实习，收到了良好培训效果，成为劳动力培训扶贫模式的重要创新。

产业化扶贫

产业扶贫是指在贫困地区建立农产品基地，或者通过订单农业等多种手段带动贫困农民调整结构、增加收入的一种农业产业化形式。手段主要包括：帮助贫困地区、贫困农户因地制宜选择主导产业，提供金融、技术服务，建设生产基地；扶持扶贫龙头企业，发展加工业；通过农民合作组织等方式组织营销，开拓市场等。

山西吉县产业扶贫：集聚扶贫资源　助力苹果产业

山西吉县地区海拔高、昼夜温差大、光照充足，非常适宜苹果种植，所产苹果果型端庄、色泽鲜艳、口感纯正。早在1992年，该县就给广大果农免费发放苗木，鼓励引导果农发展苹果种植。而通过吕梁山连片特困地区扶贫开发和整村推进项目的实施，吉县不断投入财政扶贫资金，更新改造老果园、补贴发展新果园，年均新发展苹果达2万亩，为吉县苹果面积稳步扩充奠定了基础。

在此基础上，吉县政府瞄准苹果这一扶贫产业载体，大力整合扶贫资源，当好产业发展的"孵化器"、添加产业发展"助推剂"，将财政扶贫资金集中用于苹果产业的开发，合理促进苹果产业发展。

由于苹果是劳动和技术密集型产业，对水肥和植保条件要求较高，吉县实施片区开发项目时，十分注重提高农业基础设施建设的水平，通过实施节水灌溉项目、发展畜牧养殖业、果园田间路硬化、搭建果园防雹网、安装太阳能杀虫灯等措施，当好产业发展的"孵化器"。

龙头产业必须龙头带。吉县通过争取项目、政策引导和市场资金扶持，推进苹果加工企业发展、建设苹果交易市场，不遗余力地培育和扶持苹果龙头企业发展。借着连片特困地区区域发展与扶贫攻坚的东风，吉县进一步确定了苹果产业的有机化发展方向，并以"一

农户收获苹果的喜悦

年一突破，两年大变样，三年见成效"为发展目标，打造吉县 30 万亩山地有机苹果生产示范基地，为苹果产业发展添加"助推剂"。

此外，2010 年以来，政府不断投入扶贫资金，开展苹果标准化、有机化生产管理技术培训和科技宣传。通过财政扶贫资金和扶贫互助资金，面向取得技术资质的果农予以小额贷款贴息，扶持贫困农户用于苹果生产，保障每个贫困户都有 1 名技术"明白人"，通过产业扶持成为致富"当家人"。

目前，吉县苹果面积已发展到 29 万亩，年产量 17 万吨，全县苹果面积占耕地总面积的 80% 以上，苹果专业村占总行政村的 80% 以上，果农占农民的 80% 以上，果业收入占农业收入的 80% 以上，果农人均果品收入占农民人均纯收入的 80% 以上。

以工代赈

以工代赈是中国一项特殊的扶持困难群众的政策措施，是指政府投资建设基础设施工程，受赈济者参加工程建设获得劳务报酬，以此取代直接救济的一种扶持政策。该政策主要用于贫困地区的基本农田、小型水利、乡村道路、人畜饮水、小流域综合治理等基础设施建设，着力改善生产生活条件和发展环境。同时，贫困地区农民群众参加工程建设并获得劳务报酬，从而直接增加家庭收入。

四川凉山州以工代赈：构建和谐富裕新凉山

凉山彝族自治州地处四川西南部，是四川省民族类别最多、少数民族人口最多的地区，也是中国最大的彝族聚居区。1985 年，四川凉山州开始实施以工代赈项目。截至 2013 年，国家、省投入凉山以工代赈和易地扶贫资金总量达 20.96 亿元，是四川省 21 个市（州）以工代赈资金投入总量最多的一个。以工代赈资金的投入，对加快凉山州贫困农村基础设施和产业建设，改善农村贫困群众生产生活条件，加快脱贫致富起到了积极的促进作用。

历数 29 年来国家和四川省计划安排凉山州以工代赈的建设项目情况，我们可以看到以工代赈对贫困地区扶贫开发产生的重要影响。

——交通建设方面，累计投入以工代赈资金 68024.18 万元，共计安排新改建全州 17 县市乡村公路 820 条 9686.72 公里，新建大桥（涵洞）123 座 7336.2 延米。

和谐富裕新凉山

凉山特色农业基地

凉山畜牧业发展

　　——农业建设方面，累计投入以工代赈资金 13473.85 万元，共计安排全州 17 县市基本农田建设坡改梯 92590 亩，建设特色农业基地 97100 亩，提高了全州农业发展水平。

　　——水利建设方面，累计投入以工代赈资金 25490.65 万元。共计完成整治改造和新建水利工程 118 处，完成人畜饮水工程 2571 处及 47 个乡镇供水站，新增有效灌面积 71915 亩，治理水土流失和小流域面积 225 平方公里。

　　——林业建设方面，累计投入以工代赈资金 1944.98 万元，营造经济林、抚育幼林、培育速生丰产林。

　　——畜牧业及牧民新村建设方面，累计投入以工代赈资金 5873.71 万元。完成种草面积 76.916 万亩，引进良种 2.22 万头（只），完成木里县"人草畜"三配套建设。

　　——农村小水电建设方面，累计投入以工代赈资金 2082.36 万元，安排新建电站 68 处，改造恢复电站 17 处，实现年新增发电量 3600 万千瓦时。

　　——农村通信建设方面，累计投入以工代赈资金 1428 万元，完

四川省凉山州彝区三房改造新貌

成 26 个农话 C5 人工局改制建设。

　　——教育扶贫方面，累计投入以工代赈资金 640 万元。安排 125 所乡村小学基础设施及教学设施建设，解决学生饮水问题、维修学校道路和围墙等。

　　——形象扶贫（人畜分居工程）建设方面，累计投入以工代赈资金 7377 万元，完成 478 个乡镇 38.2 万多人的形象扶贫建设任务。这对转变彝族群众卫生观念、实现越温脱贫起到了巨大的推动和巩固作用，是凉山州迈向现代文明的一个标志。

　　——国家以工代赈示范工程建设方面，累计投入以工代赈资金 7224 万元。安排建设了 24 个以工代赈示范工程，共计新建县乡村公路 389.5 公里，有效改善了示范区基础设施和基础产业条件。

　　——以工代赈省级配套资金建设方面，累计投入以工代赈资金 1802.83 万元，主要集中解决凉山州内非贫困县市贫困乡村路、水、土等基础设施项目建设。

　　"山坳坳里搭'三房'（茅草房、瓦板房、石板房），三个石头支锅庄，无床无被席地睡，房破脊寒围火塘。"这句民谚一度成为凉山极度贫困的真实写照。如今，新建的彝家新寨已似雨后春笋般在凉山拔地而起、遍地开花：一个个崭新彝寨与蓝天白云相映成趣；新寨宽敞的村道交错相连；干净整洁的民居让村民们喜笑颜开；村民告别过去的陈规陋习，开始了全新的彝区健康文明新生活。而这些成绩的取得，无不凝聚着以工代赈项目的支持和贡献。以工代赈及其实施的惠民工程，为构建和谐、富裕、团结、美好的新凉山奠定了基础。

易地扶贫搬迁

易地扶贫搬迁是指在坚持群众自愿的原则下，帮助生活在缺乏基本生存条件地区的农村贫困人口通过搬迁走向脱贫致富之路，政府安排补助投资为搬迁群众建设住房等基本生产生活设施。截至2011 年，中国累计搬迁农村贫困人口 848 万人。

青海湟源易地扶贫搬迁：移出高原，生活喜洋洋

青海省湟源县，东临西宁，背靠牧区，史称"丹噶尔"，自古就是内地通往西部牧区至西藏的交通要塞，也是丝绸南路和唐蕃古

青海省湟源县

道上的重要驿站，黄土高原和青藏高原、农耕文化与牧业文化的结合点，素有"海藏咽喉"和"海藏通衢"之称。全县总面积 1509 平方公里，辖 7 乡 2 镇 146 个行政村，总人口 13.74 万人，有汉、藏、回、蒙等 13 个民族。

然而由于诸多因素制约，多年来湟源县贫困山区群众生存难、行路难、看病难、增收难等问题仍然比较突出。

2009 年，湟源县围绕加快城乡一体化发展进程，以土地、生产和生活"三集中"试点工作为切入点和突破口，整合贫困户危房改造、扶贫易地搬迁、农村奖励性住房、农村改厕、科技节能炕等项目，扶持农户建房。为确保搬迁群众搬得出、稳得住、能发展、可致富，湟源县通过招商引资，发展旅游产品等劳动密集型企业，安置新村劳动力。同时，引进有一定经营能力和经济条件的农家乐经营户入驻新村，带动其他搬迁户在自家院内自愿经营农家乐，配套建设智能温室采摘园，集中打造旅游特色村。

通过实施"三集中"移民搬迁试点，湟源县为深居贫困山村的群众带来了实惠。如今，全县浅脑山区 5 个乡镇，按照"三集中"的要求，在县城附近丹噶尔新村盖起平房和楼房，并在政府扶持下搞起农家乐、智能温室、皮绣制作和昆仑玉加工等产业，基本形成了集生产、生活、休闲为一体的新农村雏形。

谈到对未来的展望，湟源县县长胡良云满怀信心地表示："未来，我们将把丹噶尔新村建设成青海湖旅游黄金线沿途旅游必经地，培育成青海民俗观光、品味农家生活、餐饮休闲为一体的旅游新村。"

行业扶贫齐献力

行业扶贫是指中国政府各行业主管部门或综合职能部门通过制定有利于贫困地区和贫困人口发展的政策，在制定行业发展规划、实施行业发展项目时，有计划、有针对性地向贫困地区倾斜。

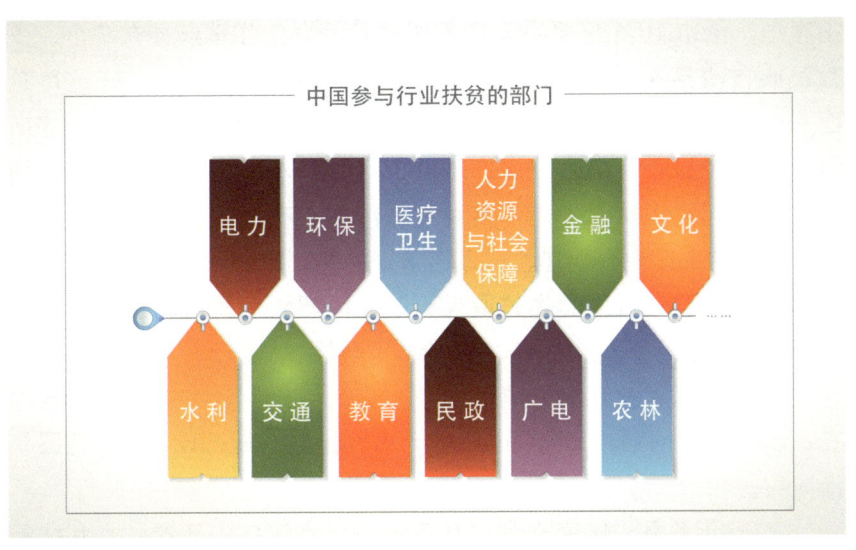

中国参与行业扶贫的部门

电力　环保　医疗卫生　人力资源与社会保障　金融　文化

水利　交通　教育　民政　广电　农林

清泉流进千万家——水利扶贫的铜仁模式

"党恩浩荡，德政工程暖民心；饮水思源，清泉流进千万家。"

走进革命老区贵州铜仁市德江县枫香溪镇袁场村，水池边的这副对联尤为醒目。枫香溪曾是典型的缺水镇，2012年投资1600多万元的提水工程运行后，全镇2万多人不再为吃水发愁。当地乡亲们为表感激之情，特意在各村调节水池边立下了"感恩碑"。

枫香溪镇告别用水难的真实写照，仅仅是铜仁水利扶贫惠泽百姓的一个普通场景。自2007年以来，国家水利部和贵州省政府在铜仁开展水利扶贫试点工作成效显著，为铜仁百姓带来了福祉。

云贵高原深处的铜仁，地处中国18个集中连片贫困地区之一的武陵

村民喝上甜心水

山腹地。全市 10 个区县中，国家级扶贫开发工作重点县有 7 个，少数民族自治县 4 个，是典型的"老、少、边、穷"地区。在这片总面积 1.8 万平方公里的热土上，山地面积占总面积的 67.8%，喀斯特地形地貌显著，山高谷深，水低田高，降水时空分布不均。长期以来，水利建设投入不足，水利设施薄弱，有水不能保、有水不能蓄，导致"十日无雨则旱，三日连下则涝"，工程性缺水相当严重。大部分山区群众耕作的是"望天田"，风调雨顺时还能基本解决吃饭问题，稍有旱情就会因缺水加剧贫困程度。

作为传统农业区域，铜仁长期"靠天吃饭"，有 200 多万人存在饮水不安全问题，150 万亩耕地无水利设施依托，1/3 的耕地因旱涝成灾。

2006 年 8 月，国家水利部和贵州省确定铜仁为新农村水利扶贫试点，这也是水利部在中国唯一实施的以州市行政区为单元的水利扶贫试点。"欠发达、欠开发"程度最深的铜仁，入选国家水利部在全国设立的首个水利扶贫试点后，市政府非常珍惜这一千载难逢的机遇，千方百计推进水利基础设施工程进度，在贵州省率先实现了城乡水务一体化，"民生水利"给百姓带来了福祉。

铜仁市坚持试点"出成果、出经验、出路子"的原则，在加强领导、建立机制、创新措施等方面，一边实践，一边探索，达到"近期做示范、远期探路子"的目的。

这是一组沉甸甸的数据，它们无声无息地见证了第一轮水利扶贫的成效：

2007 年至 2012 年间，铜仁水利扶贫试点共投入 39.78 亿元。通过实施水源工程、农村饮水安全、灌区改造等十大类工程建设，全市初步形成了"以蓄为主，蓄、引、提相结合；小型为主，中、小、微相结合；灌溉为主，灌溉、发电、供水相结合"的区域性工程体系。

2011 年西南大旱，是铜仁有气象记录以来同期降雨量最少的一年。因有大批水利工程的支撑，全市受灾程度较以往旱灾年反而要小，特别是人饮安全工程保证了群众有水喝，稳定了民心。依托水源和水利设施的改善，很多地方实施了大规模的种植养殖产业结构调整，

渠道引来生命之水

实现了干旱不减产、减产不减收的目标，全市农民人均纯收入 4076 元，增速列全省第三位。

铜仁水利扶贫过程中坚持建设与管理并举，改革与发展同步，成功实施了水管单位、乡镇水利站及农民用水户协会管理体制改革，这是铜仁水利扶贫试点的重要举措。科学管水、用水，正在成为干部和群众的自觉行为。长期饱受干旱之苦的人民群众，把水利工程叫作"民心渠""甘露池""功德水"等。

社会扶贫百花开

总的来看，中国的社会扶贫主要包括定点扶贫、东西协作扶贫、部队军警扶贫，以及民营企业、民间组织、公民个人等社会各级参与的扶贫开发。

65

定点扶贫

　　为加大对革命老区、民族地区、边疆地区、贫困地区发展的扶持力度，中国政府自 1986 年开始大力开展定点扶贫工作。国家确定的定点帮扶单位主要包括中央和国家机关各部门各单位、人民团体、参照公务员法管理的事业单位、国有大型骨干企业、国有控股金融机构、各民主党派中央及全国工商联、国家重点科研院校等，定点帮扶对象为国家扶贫开发工作重点县。

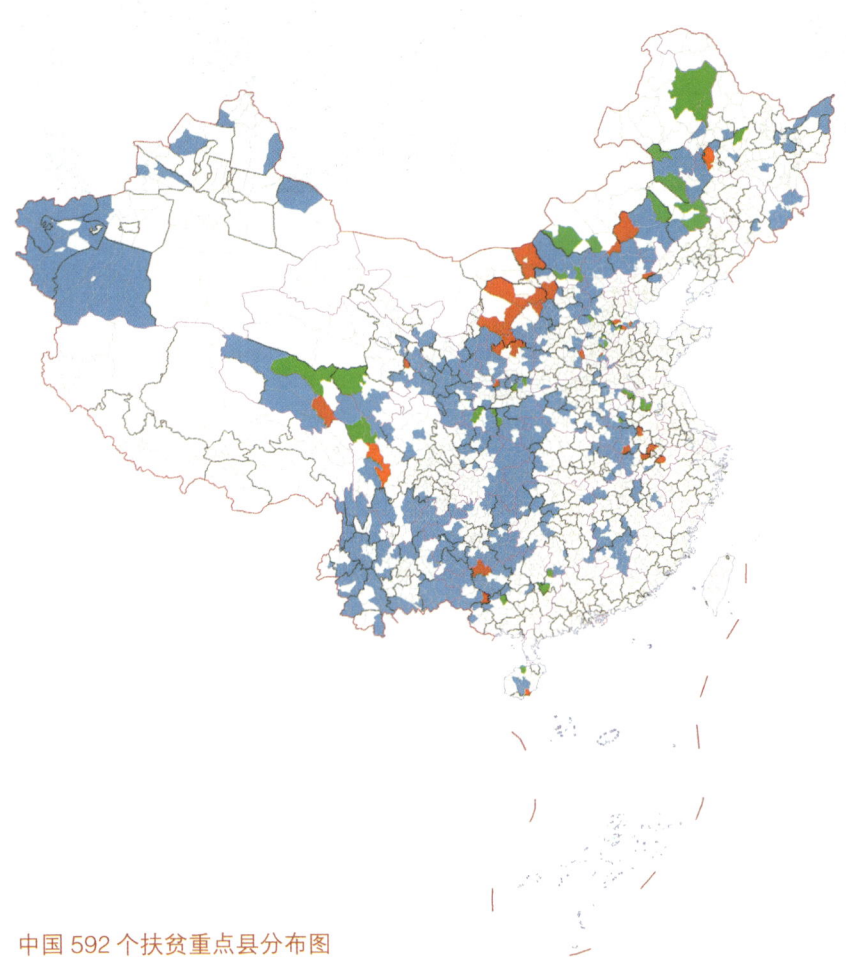

中国 592 个扶贫重点县分布图

多年来，定点帮扶单位采取干部挂职、基础设施建设、产业化扶贫、劳务培训和输出、文化教育扶贫、科技扶贫、引资扶贫、生态建设扶贫、医疗卫生扶贫、救灾送温暖等多样化措施开展定点帮扶。截至 2012 年，中国共有 310 个单位参与了定点扶贫，实现了对全国 592 个重点县的全覆盖。

扶贫攻坚为老区：国土资源部赣南定点扶贫成效好

1987 年，一批中国国土资源部干部职工带着中国政府的嘱托，带着"赣南老区不脱贫，我们扶贫绝不脱钩"的郑重承诺和铿锵誓言，踏上了赣南这片红土地，开启了对口定点扶贫的征程。

2012 年春节前夕，国土资源部部长徐绍史到赣南考察慰问。在刘光登老人家里，这位将近期颐之年的老人恳切地对徐部长说："感谢国土资源部，你们在村里做土地整治，地比以前多了，还让我们住上了新房子。"历经将近一个世纪风雨的老人，对国土资源部扶贫开发工作的肯定，发自肺腑。

多年来，国土资源部扶贫工作者的汗水洒满了赣县、上犹、兴国、宁都、于都、会昌、安远、寻乌 8 县的山山水水。

实施定点扶贫近 30 年来，国土资源部为赣州安排国家投资土地整理项目 39 个，15 万多群众从中直接受益；新增耕地面积 3.6 万亩，

赣南新农村

国土资源部定点扶贫新村

可解决 3 万多人的长远生计。湖南省新田县也通过 18 个土地整治项目新增耕地 7253 亩，极大地改善了项目区农业基础条件，带动了周边 7 万农民增收。

整村推进，将新农村建设和土地整治有机结合起来，是国土资源部定点扶贫的重要成果。2002—2010 年，国土资源部相继在赣州市 8 个定点扶贫县开展了 9 个新农村建设示范项目，实施田、水、路、林、村、房综合整治。曾经凋敝不堪的安远县孔田镇太平村，而今山上是绿色银行，山下是优质粮仓，田间是美丽村庄，成为土地整治、现代农业开发和新农村建设为一体的示范村。同时，国土资源部为赣南 8 县修路架桥、建设水利基础设施，直接帮扶贫困村 284 个，项目覆盖 1043 个贫困村，11.96 万人受益。

与此同时，国土资源部注重将贫困地区经济发展潜力转化为现实生产力。赣州的矿业经济就是在国土资源部的帮扶下一路做大做强的。从 2002 年到 2011 年，国土资源部在赣州市共部署地质大调查、危机矿山接替资源找矿专项 22 项，累计投放资金逾亿元，对主要矿产资源进行资源潜力调查评价，赣州的产业经济布局由此有了科学依据。如今，赣州钨的探明储量世界第一，稀土探明储量中国第二，矿业经济已成为赣州市的支柱产业。

把国土资源工作中的新技术、新方法、新成果运用到扶贫工作中，堪称国土资源部扶贫开发工作的独门秘笈。2002年，国土资源部在赣州市实施了国土资源航空遥感综合调查，圈定了125万亩宜果、宜烟、宜茶产业发展区域；2007年以来，在赣州和湖南新田县实施农业地质调查，为两地的农业发展规划、特色农业产业布局、国土整治、生态建设、地方病防治等提供了科学依据和技术支撑。如今，赣州已经发展成为世界最大的脐橙种植基地。

在赣州，国土资源部投入上亿元资金实施矿山地质环境恢复治理项目和地质灾害防治项目，基本摸清了赣州地质灾害的分布情况和规律，有效地防治了矿山次生地质灾害，控制了水土流失与污染，极大地改善了矿区生态环境。

扶贫工作，还要始终不遗余力地"扶智"。国土资源部通过实施教育培训项目，提高了贫困地区教师的教学水平，也培养了一批有知识、懂技术、会经营的新型农民。在赣州，国土资源部建起了8所国土资源希望小学，让7000名农村孩子有书可读；改造了24所贫困乡村学校危房，1.5万名贫困学子免受威胁。

国土资源部的扶贫开发之路特色鲜明：首先，找准地方经济薄弱点和经济发展潜力，有的放矢；其次，立足国土资源管理职能，发挥行业优势，输送政策、项目和资金，推动产业结构调整和经济发展方式转变，不仅授贫困地区以鱼，更授之以渔；再其次，贴近民生，以人为本，时刻把人民群众的疾苦放在心上，让人民群众真切实在地享受到扶贫工作的成果。

可以说，国土资源部的定点扶贫之路，奠定的是贫困地区发展的百年基业。春去秋来，来自首都北京的温情，无私地温暖了贫苦老区的千万人民。

东西协作扶贫

东部发达省市与西部贫困地区结对开展扶贫协作，是中国为实现国家共同富裕目标做出的一项制度性安排。自 1996 年开始，中国政府做出部署，安排东部 15 个经济较发达省、市与西部 11 个省（区、市）开展东西扶贫协作工作。东西扶贫协作形式多样，形成了以政府援助、企业合作、社会帮扶、人才支持为主的基本工作框架。

据统计，从 2003 年到 2010 年，东部到西部挂职的干部 2592 人次，西部到东部挂职的干部 3610 人次；东部地区向西部地区提供政府援助资金 44.4 亿元人民币，培训专业技术人才 22.6 万人次，组织劳务输出 467.2 万人次。

东西扶贫协作结对关系图

北京市	内蒙古自治区
天津市	甘肃省
辽宁省	青海省
上海市	云南省
江苏省	陕西省
浙江省	四川省
福建省	宁夏回族自治区
山东省	重庆市
广东省	广西壮族自治区
大连、青岛、深圳、宁波市	贵州省
厦门市	甘肃省临夏回族自治州
珠海市	四川省凉山彝族自治州

上海云南对口帮扶合作纪实

上海与云南的合作交流源远流长。20 世纪 60 年代，结合"三线"建设，上海不少轻纺、机械工业企业迁到云南，在云南新建了一批工业项目。60 年代末，数万名上海知青赴云南上山下乡，许多人成长为两地建设战线的骨干力量。

1996 年 9 月，配合《国家八七扶贫攻坚计划》的实施，中央扶贫开发工作会议决定建立东西扶贫协作机制。上海市领导主动找到中央，要求与云南建立对口帮扶协作关系，两省市长期友好合作进入新的历史阶段。经两省市协调确定，将云南省贫困人口较多、扶贫开发任务较重的文山州、红河州、思茅地区（现普洱市）作为重点帮扶地区，安排上海 12 个区县与三州市 23 个扶贫重点县结对帮扶。

1997 年 7 月，首批 13 位上海援滇干部赴云南省及 3 地州挂职，揭开了上海对口援滇工作序幕。

在当地支持配合下，上海援滇干部联络组深入调查，提出以自然村为单元建设"温饱试点村"的设想，以解决扶贫措施到村进户难题。1998 年，在文山、红河、思茅三地州 22 个县首批启动 44 个温饱试点村项目，涉及 2055 户 9664 人，苗、壮、彝、佤、哈尼、拉祜等少数民族占大多数。上海帮扶投入 660 万元，与当地资源整合，当年完成坡改梯 1763 亩，建成一批希望小学、村卫生室、活动室，农副产品加工和经营得到一定发展。44 个试点村一举摘掉贫困村帽子。

上海市援建的云南省红河州异龙镇麻粟树村新貌

之后，沪滇双方循序渐进实施了"7+8"温饱试点村、"安居温饱村"、奔小康试点村建设，形成递进式帮扶反贫困模式。1999年4月，云南全省推广上海建设温饱试点村的做法。这一探索实践，也为《中国农村扶贫开发纲要》将整村推进作为国家扶贫开发的重要载体，提供了研究借鉴的鲜活案例。

2004年4月，上海市党政代表团赴云南学习考察，捐赠8000万元支持云南"向绝对贫困宣战"行动，并决定新增迪庆州为上海重点帮扶地区，安排嘉定区、宝山区和上海航空公司、上海锦江集团对口支援迪庆州3个县。

2006年至2010年，按照国家民委要求，上海积极承担人口较少民族德昂族帮扶任务。通过两地民委较少民族帮扶机制，上海投入3364万元，对分布于云南德宏、保山、临沧3州市的80个德昂族聚居自然村进行全面扶持，帮助1.97万德昂族群众实现整体脱贫，受到了中国第五次全国民族团结进步表彰大会的表彰。

2009年起，根据国家医改方案和国家卫生部要求，上海卫生系统19家三级综合医院对口支援云南省16州市的19家县医院。

从2001年到2012年，上海100所中小学对口帮扶云南100所中小学，已累计选派10批960名优秀教师前往云南对口地区支教。

2011年6月，自第八批援滇工作起，上海市新增闵行区对口支援迪庆州香格里拉县，形成"三区对三县"对口帮扶格局，并调整光明食品集团、上海交运集团对口支援迪庆州。截至2011年6月底，上海按照中央的统一部署和要求，"动真情、办实事、求实效"，围绕改善对口地区贫困群众基本生产、基本生活、基本教育、基本医疗卫生条件，增强当地自主发展能力，以整村推进为重要载体，在红河、文山、普洱、迪庆4州市26个县及德昂族、独龙族聚居区，累计投入财政无偿捐赠资金超过19.81亿元，援建各类帮扶项目5249个，其中整村推进项目2858个，逾60万各族群众直接受益。

在云南文山壮族苗族自治州，东西协作扶贫15年来，上海市区两级党委政府共投入帮扶资金4.16亿元，动员上海社会各界无偿捐助帮扶资金3000多万元；另以经济合作的方式动员上海企业投入帮

云南省文山壮族苗族自治州农村新貌

扶资金 11.5 亿元，共建成帮扶项目 1672 个，有力地推动了云南文山壮族苗族自治州扶贫开发取得显著成效。现在，在实施整村推进后改造新建的新农村，一幢幢二层的青瓦白墙小楼拥着宽敞的院落，沿着清澈的池塘舒展开去，在绿树的掩映下，显得宁静而富足。而这些景象的背后，则是上海云南对口扶贫合作 10 多年的共同努力。

军队和武警参与扶贫

军队和武警部队是中国社会扶贫的一支重要力量。军队和武警部队根据国家和驻地扶贫开发总体规划，发挥优势，主动作为，积极参与实施了定点扶贫和整村推进扶贫，支援农田水利、乡村道路、小流域治理等农业农村基础设施建设，并开展捐资助学、科技服务和医疗帮扶等活动，为中国扶贫开发做出了积极贡献。

湖南省军区桑植县扶贫创新案例

湖南省桑植县，位于湘西北边陲，以土家族、白族为主体的少

73

2001—2010 年军队和武警部队参与扶贫开发基本情况

定点帮扶 集团扶贫 整村推进	★ 在全国47个贫困县、215个贫困乡镇、1470个贫困村开展定点扶贫 ★ 建立扶贫联系点2.6万多个 ★ 建立支援新农村建设联系点2500多个 ★ 帮助210万贫困群众摆脱贫困
多种形式 扶贫帮困	★ 支援农田水利、乡村道路、小流域治理等小型工程建设10万多个 ★ 为群众找水打井1119眼 ★ 植树造林3561万余亩 ★ 建立科技示范点240多个 ★ 扶持发展当地优势特色产业73000多项 ★ 开展劳动技能和劳动力转移培训600多万人次
支援基础教育、开展捐资助学	★ 援建中小学校1600多所 ★ 资助贫困学生21万多名
帮扶发展医疗卫生事业	★ 对口帮扶西部地区贫困县级医院130所；帮建乡镇（村）卫生院（所）1283所 ★ 培训和帮带医护人员8.5万多名，捐赠医疗设备5900多台（件） ★ 为贫困群众义务巡诊治病6100多万人次

数民族占 92.6%，是国家级贫困县，同时也是湘鄂川黔革命根据地中心和红二、六方面军长征出发地。大革命时期，10 万人口的桑植县有 2 万多人参加红军，包括贺龙元帅 5 位亲人在内的 1 万多人壮烈牺牲，为中国革命胜利做出了特殊贡献。

　　1988 年 7 月，湖南省军区领导到桑植考察，发现大部分群众还在吃红薯、住草棚、蹲山洞，有的甚至衣不蔽体、食不果腹、房不遮风。村民还贴着"跟共产党走"的对联，墙壁上还保留着革命标语。从那年起，湖南军区怀着"感恩先烈、回报老区"的情怀，将桑植县定为扶贫点，采取"干部挂职、驻点扶贫"的形式，一干20多年。

湖南扶贫任务艰巨，光靠哪一家扶贫难以出成绩，更难从根本上解决贫困群众的实际困难。对此，军区党委态度鲜明："老区为革命胜利做出了巨大贡献。老区一天不脱贫，部队一天不收兵。"

20多年来，部队坚持在桑植县进行扶贫攻坚，咬定青山不放松，真诚热爱老区群众，真心服务老区群众。先后筹集5700多万元资金和价值1000多万元的物资，改善农村基础设施建设，下大力解决交通不便、饮水困难等实际问题。

"扶贫先扶智，脱贫先脱愚。"湖南军区在做好经济扶贫的同时，坚持把精神扶贫摆在更加重要的位置，结合村民大会、党员大会等时机，积极宣传党的富民和三农政策，走村串户与群众拉家常、话致富，组织村民到附近小康示范村参观学习，与村民共同制定远景规划，使他们感受到农村发展的大好环境。军区还举办技能培训班，开展结对帮扶，邀请畜牧专家、技术能手、科技特派员来村，手把手地教方法、传经验、送知识；并在村部建起阅览室、活动中心，配套完善文化设施。

企业和社会各界参与扶贫

企业和社会各界参与扶贫，是指通过政府引导和支持，企业和社会各界自愿利用自身资源，以多种形式参与到扶贫开发工作中，为贫困地区经济社会发展和贫困人口脱贫致富贡献力量。将社会各界包括发展活力最强的企业与发展需求最迫切的贫困群体有效对接，是实现贫困地区脱贫致富的一个重要途径，也是当前和今后中国推进社会扶贫的一个重点方向。

企业和社会各界在参与扶贫中将农村产业开发、基础设施建设、社会事业发展和人力资源开发作为重点领域，创造和积累了许多成功的经验和做法，主要可概括为四种模式：一是定点对口长期援助；

二是村企合作开展扶贫；三是农业产业化带动扶贫；四是慈善捐助参与扶贫。

社会各界发起参与的扶贫项目	
共青团中央	大学生志愿服务西部计划暨中国青年志愿者研究生支教团
中国残联	农村贫困残疾人危房改造项目
全国妇联	母亲水窖、春蕾计划
中国青少年基金会	希望工程
中国人口福利基金会	幸福工程
全国工商联	光彩事业
中国扶贫基金会	小额信贷、新长城自强项目、爱心包裹
中国扶贫开发协会	山西长治治水项目
中国光彩事业促进会	光彩扶贫工程

华润集团和它的"希望小镇"

华润（集团）有限公司是一家在香港注册和运营的多元化控股企业集团。1938年，华润的前身"联和行"在香港成立。"联和行"团结香港及海外支持抗战的民主人士，为抗战根据地采购军需物资及药品。解放战争时期，"联和行"千方百计突破封锁，采购和运

建成后的西柏坡华润希望小镇

送内地急需物资，支援三大战役、渡江作战，直至解放全国。1948年，"联和行"改组更名为华润公司，历经艰险从香港秘密护送百位民主人士、文化名人及爱国华侨到东北解放区，保证了中国第一届政协会议的胜利召开。中华人民共和国成立后，华润更是积极搭建中国与世界贸易沟通的桥梁。2003年华润归属国务院国有资产监督管理委员会直接管理，被列为国有重点骨干企业。

近年来，华润每年对教育、赈灾、扶贫等慈善公益事业捐赠价值过亿元。2008年，华润集团成立70周年，基于感恩回报、履行企业社会责任的价值观念，华润集团积极响应中国政府"以工促农、以城哺乡"的号召，提出了发挥华润多元化经营的优势，利用华润企业和员工的捐款，到贫困地区、革命老区建设希望小镇的想法。创建华润希望小镇，体现了华润作为央企超越利润之上的追求，是36万华润人践行"与您携手，改变生活"企业理念的重要平台。目前，华润已建成广西百色、河北西柏坡、湖南韶山、福建古田等华润希望小镇。

位于广西壮族自治区百色市右江区永乐乡的西北乐片区，是华润希望小镇梦开始的地方。这个片区下辖洞郁、塘雄、那平、那水4个自然屯，共有7个村民小组。2008年希望小镇开工建设，并于第二年9月竣工。建成后的希望小镇彻底改变了村民的住居环境，并配备了完善的市政及综合服务、文教、医疗设施。2011年，百色希望小镇的重点工作已由环境改造转变为产业帮扶。相信在不久的将来，百色希望小镇将成为更加美丽富饶的新城镇。

目前，受华润建设希望小镇的精神感召，越来越多的企业开始关注新农村建设，越来越多华润的合作伙伴开始参与到华润希望小镇项目的建设中来。2011年3月18日，华润慈善基金在深圳举行了"华润之夜"大型慈善晚会，参加晚会的共有近300位华润利益相关方代表，其中包括万科集团、中国建设银行、东方电气股份有限公司、瑞信等知名企业，晚会筹集善款合计5000余万元，全部用于华润希望小镇建设。

华润集团建设希望小镇给36万华润人搭建了一个精神家园。通过实施希望小镇项目，华润人真真切切地感受到自己的工作成果可以直接转化为推动社会进步的力量；通过实施希望小镇项目，不同行业的华润人聚集在一起，可以真真切切地体验和改变中国最基层农民的日常生活，真正践行"与您携手，改变生活"的华润理念。

中国人口福利基金会和它的"幸福工程"

中国人口福利基金会是一家成立于1987年的全国性的民间社会福利团体，旨在充分利用国内外各种渠道，广泛筹集资金，资助兴办人口福利事业。基金会成立以来，先后组织发起了"中华人口奖"、"幸福微笑行动"、计划生育特困家庭扶助行动、"幸福在他乡"、救助艾滋病感染者家庭及艾滋致孤儿童行动等多项公益项目，为关注贫困妇女、留守妇女儿童以及艾滋病感染家庭等特殊群体的扶贫开发做出了积极贡献。

1995年2月，中国人口福利基金会与中国计划生育协会、中国人口报社共同创立实施了"幸福工程——救助贫困母亲行动"，以

"幸福工程"受益者生活面貌发生巨大变化

贫困地区计划生育家庭的贫困母亲为救助对象，围绕"治穷、治愚、治病"，采取"小额资助、直接到人、滚动运作、劳动脱贫"的救助模式，通过动员社会资源，帮助贫困母亲发展生产、勤劳致富；普及科学知识、转变思想观念；改善健康状况、提高身体素质。

中国人口福利基金会坚持实施"幸福工程"项目19年来，其独特的扶贫对象和低成本、高效率的扶贫模式，在扶贫实践中取得了有益成绩，已经成为中国一个著名的公益品牌。同时，项目依托中国计生协会的基层网络组织形成了一套完善的救助模式。

2003年以前，福建省泰宁县下渠乡上渠村的温玉莲还只是一个初中没毕业、住在低矮潮湿土房里、背着几万元债务的贫困母亲。2003年，她用"幸福工程"提供的8000元启动资金养了7头母猪、50多头菜猪，当年就赚了1万多元。通过几年的摸索，这位两个女孩的母亲成了远近闻名的乡村女猪倌，如今拥有3000多平方米的养猪场，年出栏成品猪1000多头，年收入30多万元。"短短几年间，我的家庭发生了这样翻天覆地的变化，固然离不开我自己的辛勤劳动，离不开科学的养殖方法，但如果没有'幸福工程'的支持，就不可能有我一家的今天。"温玉莲说。

自 1997 年"幸福工程"开始在福建省实施以来，一大批像温玉莲一样的贫困母亲在"幸福工程"帮扶下，摒弃落后的生育旧思想旧观念，走上了少生、快富的幸福之路。

国际合作添光彩

20 世纪 90 年代初，中国就开始利用外资进行扶贫，先后与世界银行、联合国开发计划署、亚洲开发银行等国际组织和英国、德国、日本等国家以及国外民间组织在扶贫领域开展了卓有成效的减贫项目合作。据不完全统计，截至 2010 年，扶贫领域共利用各类外资 14 亿美元，加上国内配套资金，直接投资总额近 200 亿元人民币，共实施 110 个外资扶贫项目，覆盖了中国中西部地区的 20 个省（区、市）300 多个县，使近 2000 万贫困人口受益。

同时，中国政府也积极构筑国际减贫与交流的平台，与广大发展中国家共享减贫经验，共同发展进步。

2004 年，中国政府与世界银行在上海共同召开全球扶贫大会，并与联合国开发计划署等国际机构联合成立了中国国际扶贫中心。

2004 年 5 月 27 日，"中国国际扶贫中心"建设项目谅解备忘录签字仪式

扶贫系统部分国际合作项目一览表

合作伙伴	项目名称
世界银行	中国西南扶贫项目 中国秦巴山区扶贫项目 中国甘肃内蒙古扶贫项目 中国贫困农村社区发展项目 中国山西扶贫项目 加强贫困地区扶贫系统能力建设(TCC4) 中国社区主导型发展项目 社区滚动发展资金项目(TCC5)
亚洲 开发银行	支持中国农村扶贫项目的途径和方法研究项目 倾听贫困者的声音 中国水库移民政策研究 参与式村级扶贫规划研究 中国扶贫政策研究——趋势、挑战和未来方向研究项目 非政府组织：政府村级扶贫的伙伴
联合国 开发计划署	中国艾滋病与贫困的研究与干预项目
联合国 儿童基金会	儿童与妇女贫困研究
国际农业 发展基金	秦岭山区扶贫项目 桂西扶贫项目 宁夏和山西环境保护和扶贫项目 甘南扶贫项目 新疆扶贫项目
欧盟	退耕还林政策与实践研究项目
英国国际发展部	中国贫困农村社区发展项目
澳大利亚发展署	加强国家扶贫系统能力建设 中澳合作喀斯特地区环境恢复与扶贫项目
德国技术合作公司	支持中国农村扶贫开发纲要实施-江西贫困监测试点项目
日本协力银行	湖南武陵山区扶贫项目 贵州环境与扶贫项目
国际计划	陕西省社区主导型发展拓展项目
香港乐施会	安徽利辛县社区发展和艾滋病关爱试点项目 农民工引导性培训教材开发及应用试点项目
香港嘉道理基金会	内蒙古固阳县综合扶贫发展试点项目
福特基金会	社区发展基金模式的经验及推广方式研究项目
美国资源 保护委员会	中国藏区生活能源利用现状与可替代资源应用研究项目
美国大自然 保护协会	自然保护区及周边地区扶贫模式研究及试点项目

从 2007 年开始，中国政府和联合国驻华系统在每年 10 月 17 日"国际消除贫困日"期间联合组织举办"减贫与发展高层论坛"，针对国际减贫热点问题邀请专家、学者、官员进行讨论交流。

截至 2014 年，中国政府与东盟秘书处、联合国开发计划署、亚洲开发银行共同组织举办的"中国－东盟社会发展与减贫论坛"已经成功举办了八届，论坛在中国和东盟国家轮流召开，聚焦区域发展热点，有效推动了中国与东盟地区的减贫合作，促进了中国与东盟国家的经验交流，成为中国与东盟合作的重要平台。

自 2010 年起，中国政府与非洲有关国家和国际机构共同举办"中非减贫与发展会议"。会议分享中国和非洲大陆各国的发展路径与减贫模式，不断推动千年发展目标在非洲的进程。

近年来，中国政府还举办了上百次减贫方面的高层对话会、研讨会、论坛和双边互访减贫交流，与墨西哥、阿根廷、秘鲁、委内瑞拉、哥伦比亚、坦桑尼亚、莫桑比克等发展中国家签订减贫合作协议或共建减贫合作中心，在扶贫领域的交流逐步深化。

乐施会中国减贫项目缩影：波多罗村彝家妇女成长记

自 2000 年起，乐施会支持合作伙伴"绿色流域"开始扎根云南省丽江市拉市乡，开展小流域综合治理工作。项目融合了可持续生计发展、渔业资源管理、生态环境保护、山区基础设施建设、社会性别平等以及村民发展能力建设多项内容，以帮助解决当地贫困农户生计发展等问题。其中，地处滇西北国际湿地拉市海水源区的波多罗村，曾经是当地最贫困的彝族村寨。经过十多年努力，波多罗村实现了生态环境保护与多元生计发展并重，而彝家妇女更是通过项目锻炼成长为村寨发展的中坚力量。

波多罗村曾经依靠砍伐原始森林为生。1998 年中国政府实行"天然林禁伐"政策后，村民就失去了主要的生计来源。森林破坏更带来连年雪灾、牲畜冻死、水土流失、土壤退化等恶果，当地农牧业无以为继，村民仅靠种植马铃薯勉强维持生活。乐施会来到这里时，波多罗正承受着生态环境恶化与生计渠道缺乏的双重打击。这个小

彝家妇女 　　　　　　　　　波多罗村曾经依靠砍伐原始森林为生

小的村寨也是中国西南偏远山区贫困村的典型。

　　另外，传统彝族社会"男尊女卑"观念比较严重。乐施会项目进入村庄之初，近80%的波多罗妇女由于没有上过学而不识汉字，难以用普通话与外界交流，甚至带孩子去城里医院看病时都分不清科室、不知怎么写孩子的名字。妇女们生活圈子封闭，在家庭和社区公共事务中也几乎没有发言权。自信心不足、发展能力薄弱是波多罗绝大多数妇女过去的一贯面貌。

　　始终关注贫困以及弱势妇女发展的乐施会，开始在项目中纳入妇女赋权和社会性别平等手法，帮助当地弱势妇女争取公平享有资源和公平发展的机会。2002年，从小额信贷项目起步，乐施会开始支持彝族妇女发展。合作伙伴"绿色流域"请来了菲律宾小额信贷专家为村民做培训，帮助村民了解什么是贷款，如何管理资金，以及建立良好信誉的重要性。妇女们每五户组成一个小组，互相帮助

波多罗村旧貌 　　　　　　　　波多罗村妇女扫盲培训

83

和监督。杨春花就是其中一员，她用贷款买了母羊、母猪放养，生了小羊、小猪养大后再卖掉，手中逐渐有了些余钱，一年下来家里生活变化显著。慢慢地，杨春花越来越自信，在家里说话底气也足了许多。小额信贷让村里妇女们学会了简单的记账方法，学会了有计划地使用资金，还培养了良好的存款和还款习惯。村里的男人们开玩笑说："波多罗的妇女翻身么，就是从 2002 年开始的。"

项目还支持成立了妇女小组，让妇女聚在一起讨论自己想做的事：学算账，学汉语，学种药材、花椒树、海棠树，还想学烹调……总之，什么都想学。妇女们的双眼有多渴望，她们依靠自己双手创造幸福未来的期盼就有多强烈。

2003 年冬天，妇女小组发展成立了夜校，借用村小学教室，请来小学老师晚上给她们上课。一天又一天，在室外漫天星光与室内松明映照下，妇女们逐渐能够认识上百个常用汉字；能够计算自家收入；也能够和外来者用简单的普通话交流；还学会了土豆、中药材种植技术、病虫害防治等知识。

妇女夜校帮助彝家人学到了与外界打交道的技能与常识，甚至有可能趁农闲走出村寨到外地打工，大大拓展了生活圈子。妇女们在家庭生活和村庄事务中的地位都有了很大提升。

同时，在乐施会项目支持村民成立"项目管理小组""灾害管理小组"时，妇女在其中都占有一定比例。随着能力提高，她们开始积极参与村庄活动了。2007 年，妇女们已经能够在村庄发展规划会中自信地介绍女人眼中的社区资源和自己的发展需求。她们的声音也逐渐得到了村民们普遍的尊重。在村民们看来，波多罗村最明显的改变是：以前村里事情都是男人们开会商量，女人们是不能参加的；而现在妇女们可以和男人们一块开会，谁说得有道理大家就听谁的。

此外，项目注重发挥妇女们在村庄生态旅游及彝族文化传承方面的重要作用。为了保护和弘扬彝族的传统文化、丰富妇女的文化生活，妇女小组组织大家开展传统彝族打跳、刺绣活动，还建起了波多罗打跳队。2009 年，波多罗打跳队在拉市海镇打跳比赛中获得第一名，在玉龙县打跳比赛中获得三等奖，令全村人喜出望外。妇女们自豪地说："玉龙县得头两名的都是专业旅游服务打跳队，只有我们波多罗打跳队是真正由农民组成的。"

波多罗村妇女参加打跳比赛

2010 年，历经 10 年生态保护的波多罗村重新恢复了世外桃源般的美丽，村民们打算发展生态旅游，丰富村庄收入来源。流域管理小组转型为生态旅游合作社，8 位骨干中有 2 名妇女代表——沙福花和陆秀英，她们负责旅游接待中的妇女打跳、分组轮流做饭待客、环境卫生等，在旅游接待中撑起了半边天。村民刘正武是合作社骨干，负责安排游客住宿，但常常是杨春花主动来担起丈夫的工作，她认为自己协调沟通和安排能力更强一些。2012 年，杨春花更被全村人推选承担起合作社最核心的财务管理工作。

波多罗村是国际组织在中国贫困地区开展减贫实践的缩影。在来自乐施会和"绿色流域"等外部力量的支持下，曾经封闭而不自信的彝族妇女们在发展经济、社会交往、社区参与等多个方面都发生了令人欣喜的变化，她们的内生动力被激发出来，并焕发出自己也未曾想到的创造力和能量。

第四章

点面结合

为解决特殊困难区域的贫困问题，促进特殊区域脱贫发展，中国政府开展了一系列不同层次、不同规模、不同类型的试点工作。扶贫开发试点建设就是其中之一，它不仅有效解决了特殊困难区域的减贫发展问题，也为中国特色的扶贫开发实践提供了更多典型经验和创新案例。

聚焦：特殊区域的扶贫试点

针对一些特殊区域面临的脱贫困难，中国政府适时提出了有针对性的扶贫开发项目，并通过先行先试的方式为特殊区域的扶贫开发提供样本和经验。在此背景下，中国新疆阿合奇县、四川阿坝州、贵州石漠化地区、四川汶川地震灾区、云南布朗族（莽人、克木人）及瑶族山瑶支系聚居区等成为中国特殊区域扶贫开发的试点地区。

边境扶贫：新疆阿合奇边境扶贫

边境扶贫就是在国家必要的扶持下，利用国家边境地区自然资源，以县为区域单元，连片进行开发性生产建设，使边民在劳动过程中提高生产技能，增加收入水平，逐步形成边境地区和贫困农户的自我积累和发展能力，依靠自身力量脱贫致富。

位于新疆维吾尔自治区西部的阿合奇县，是中国重点贫困县之一。由于历史原因，边境地区投入不足，经济社会发展滞后，2006年全县农牧民人均纯收入只有1100多元。同时还面临人口数量逐年减少、县城人才流失严重以及边民普遍素质不高的状况，守边又守穷的问题比较突出。

2007年3月，阿合奇县被确定为中国边境扶贫试点，并确立了"一个中心"（立足民生、发展产业、安边兴县、以边带城）、"两个瞄准"（瞄准边境一线和农村）、"三个变化"（村变、户变、边境一线变）的边境扶贫试点工作思路。

　　借助国家扶贫开发的平台，阿合奇县边境扶贫试点工作开始实施。中国华能集团、无锡市以及自治区政府部门，共同整合援助资金，共计投入 2.8 亿元，实施了 153 个边境扶贫项目，突出解决农牧民特别是边民最关注的吃饭、上学、看病、行路、发展产业等紧迫问题。

　　近年来，阿合奇县边境扶贫试点工作成功探索了"一线守边、二线固边、三线服务"的边境扶贫新模式，并取得显著成效，实现了边境地区与内陆地区一体化推进。

　　目前阿合奇县边境扶贫试点工作进展顺利，边区经济社会发生了六大可喜变化。

　　一是扶贫开发减贫脱贫取得显著成效。2013 年阿合奇县重点保证安居富民、定居兴牧、保障性住房等民生工程全面完工。通过实施整村推进、产业扶贫、特困山区扶贫开发以及专业合作社发展项目，以先富带后富的方式，实现脱贫 950 户 3500 人的目标。

　　二是县域经济较快发展。2013 年阿合奇计划实现生产总值 7.06 亿元，较 2012 年增长 20.8%。

　　三是基础设施不断完善。2014 年以来，阿合奇县实施农村饮水安全项目 2 个，总投资 298.6 万元，项目完工后将解决 1870 余人和 10500 多头（只）牲畜饮水安全问题；新建安居富民房 300 户，提升改造 200 户；全县基本实现了广播电视村村通，覆盖率达 99%。

　　四是农牧民收入水平提升。随着现代畜牧业、设施农业、特色林果业等戈壁产业和劳务输出产业主导地位的确立，阿合奇县农牧民增收方面有了稳定的途径和支撑点。2013 年，农牧民人均收入达 3850 元，比上年增长 25.9%。

　　五是各项民生社会事业发展顺利。进一步优化了"小学办到乡、初中办到县"的管理机

特色果业

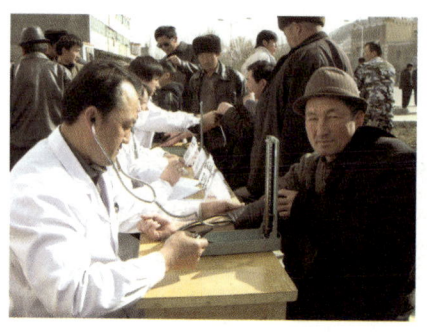

新疆阿合奇人民医院为群众免费体检　　新疆维吾尔自治区阿合奇县城新貌

制，完善了县、乡、村卫生服务网络和计划生育服务网络建设，巩固和完善了新型农村合作医疗附加医疗救助制度，全面启动了新型农村社会养老保险工作，逐步实现边民住有所居、劳有所得、病有所医、老有所养的目标。

六是边民国家认同感不断增强。边境扶贫搭台，组织宣传员队伍，深入开展了"热爱伟大祖国、建设美好家园"为主题的教育活动，边民认同国家、热爱祖国的意识进一步增强。

边境扶贫试点是中国新阶段扶贫开发的有益尝试，旨在通过试点工作分析贫困问题对边境地区社会稳定和经济发展的影响，探索通过扶贫开发促进边境地区发展、维护国家长治久安的新路子。阿合奇边境扶贫的经验也为全国42个边境扶贫重点县和新疆地区17个边境扶贫重点县，特别是南疆三地州9个边境扶贫重点县扶贫开发提供了可资借鉴和推广的经验。

综合扶贫：四川阿坝州扶贫开发和综合防治大骨节病

大骨节病是一种地方性软骨骨关节畸形病，以致残性骨关节增粗、变形、运动障碍等为主要临床表现；轻者劳动能力下降，重者短指、短肢、矮小畸形、肌肉萎缩、终生残疾、丧失劳动和生活自理能力。患者行动艰难、疼痛难忍，身心长期忍受着疾病的摧残。这是中国最严重的地方病之一，病区主要分布在中西部贫困地区，病因复杂，

大骨节病患者

致残率高，难以根治，给病区群众带来了严重危害。

　　位于四川省西北部的阿坝藏族羌族自治州，是中国罕见的大骨节病重区，患者集中分布在壤塘、阿坝等 11 个县 79 个乡（镇）。2008 年，当地 294 个村为病区村，占全州行政村总数的 21.72%。可以说，阿坝州是中国集"老、少、穷、病"于一体的特殊类型连片贫困地区。

　　为帮助阿坝州 86 万藏族和羌族群众摆脱大骨节病的困扰，中国政府成立了由 15 个部委组成的试点工作协调小组，在四川红原县麦洼乡正式启动了"阿坝州扶贫开发和综合防治大骨节病"试点工作。中国政府决定从 2008 年开始，连续 5 年每年安排中央财政扶贫资金 3.34 亿元，开展扶贫开发和综合防治大骨节病试点工作。

　　启动仪式当日，阿坝州数百名藏民和一些大骨节病患者参加了活动，试点工作内容通过翻译传达给了藏族同胞。66 岁的更登甲是一名大骨节病患者，他说："父母给了我第一次生命，但大骨节病让我长期生活在痛苦之中。这一次，是党和政府给了我第二次生命。"

　　试点启动以来，试点工作采取"易地育人、易地搬迁、更换粮食、饮水安全、社会保障、移民安置、调整结构、卫生防治、科技攻关"等九大措施，截至 2012 年共投入各类资金 55.8 亿元，针对防病治病和扶贫攻坚开展了综合治理，并取得可喜成果。

目前，病区病情已得到有效控制，2009 年以来再无新发病例。贫病儿童入学率、巩固率达 100%，并在生长发育的关键期完全摆脱了患上大骨节病的危险。患病群众得到了有效治疗，丧失劳动能力的严重患者实现了集中供养，在贫病区形成了全方位的保障体系，实现了"人人有保障"的目标。贫病群众的生活水平明显提高，形成了"以特色产业为主，二三产业、外出务工为辅"的多元增收格局，因病致贫、因病返贫趋势得到缓解。2013 年农牧民人均纯收入 7140元，同比增长 23.7%。贫病村面貌焕然一新，基础设施建设水平和公共服务能力明显提升。5 万余贫病群众的人居环境全面改善，近 2万人远离了病区、隔断了病链，12.6 万人用上了卫生、安全的自来水。

溜索改造：川滇藏溜索改造人行桥工程

溜索是一种渡河的工具，主要分布在中国横断山脉的陡崖深谷之间。它以一条钢索或粗绳连接山谷两侧，一头高，一头低，人们通过悬空绳索飞越深谷和江河。由于自然条件恶劣，千百年来，溜索是西藏、云南等偏远高山深谷地区人们走出大山、沟通外界的唯一"天桥"。"艰险羊肠道，溜索独木桥"成为人们"出行难"的真实写照。

2009 年，中国政府开始在四川、云南、西藏三省（区）开展溜索改造人行桥试点工作。2010 年，经过各级各部门共同努力，试点工作取得了初步成效。四川省已在甘孜州、凉山州的 7 个县实施首批溜索改建柔性铁索吊桥 10 座共 980.17 米，直接解决了"出行难、上学难、就医难、增收难"问题。云南已在保山市、怒江州及迪庆州的 5 个县实施溜索改造项目 5 个。2013 年，随着西藏"溜索改桥"工程最后一座桥梁的完工，横跨在西藏偏远地区高山峡谷间的 84 条溜索如今成为历史遗迹，溜索改造工程惠及超过 4 万名农牧民。

67 岁的向巴曲珍在西藏昌都热巴村生活了一辈子。她说："自从建起新桥，村里的物资丰富多了，到县城磨面、购置日用品都不再是一件困难的事。"

在昌都地区，新桥已然架起，但溜索并未拆除。昌都县热巴村村委会主任达瓦次仁说，溜索是西藏交通事业发展的见证，也承载了当地群众的无数记忆，具有一定的历史文化价值，计划将其开发成特色旅游项目，带动村民走上富裕之路。

2011 年，云南省怒江傈僳族自治州福贡县石月亮乡拉马底村怒族乡村医生邓前堆的事迹受到关注：47 岁的"溜索医生"身背药箱，在奔腾不息的怒江上呼呼溜去。

28 个寒来暑往，不分昼夜，邓前堆背着药箱过溜索来往于江两岸，奔行于陡峭的山路上，出诊 5000 多次，用艰辛付出守护当地百姓的身体健康。

怒江两岸的村寨隔岸相望、鸡犬相闻，但两岸村民若要相见却得爬上几小时山路。溜索便捷，但溜索过江的危险故事在怒江两岸并不鲜闻。

19 岁那年，邓前堆通过乡卫生院培训后在村里做了乡村医生。

西藏自治区昌都县埃西乡热巴吊桥

江对岸山梁上的一个村小组，住着20多户人家。过人马吊桥到这个村，得绕路走两三个小时。邓前堆前去给群众看病，若不想耽搁时间就得过一条125米长的溜索。工作和责任使他不得不学会过溜索。

慢慢地，邓前堆可以熟练地过溜索了。他的医术也在不断的努力钻研中一天天提高起来。不仅本村的，外村的乡亲也来找他看病。年逾八旬的老奶奶，双手皮肤皱如核桃，输液时他总能一针就扎准；烧伤的老人，在他的救治下顺利康复。

邓前堆坐溜索到江对岸出诊

然而，"溜索医生"过溜索的身影却是云南怒江地区交通建设落后的无奈写照。邓前堆的事迹报道后，交通运输部翁孟勇副部长率队赴怒江调研，提出在"十二五"期间统筹解决怒江州溜索过江问题。

2013年，中国"溜索改桥"工

程建设座谈会在北京召开。会议决定于 2013 至 2015 年期间在全国实施 289 个"溜索改桥"项目。项目建设以国家投入为主，地方配套为辅，交通运输部出资 12 亿元，国务院扶贫办在财政扶贫资金中安排 10 亿元。其中，国家将投入 11.37 亿元支持云南 139 个"溜索改桥"项目建设，为云南彻底解决"溜索过江"提供了重大机遇。

产业扶贫：贵州石漠化地区种草养畜

西南喀斯特石漠化地区是中国最贫困的区域之一，也是全国扶贫开发的重点区域。该地区耕地少、质量差，由于历史上的过度开发，水土流失，生态脆弱，石漠化严重。农业生产一度处于"不开发农民穷，要开发又怕生态环境再度遭受破坏"的两难困境。而生活在这一区域内的 1400 多万乡村人口，农民人均收入远远低于全国平均水平。在石漠化地区开展扶贫攻坚，是中国扶贫开发必须完成的一项重要任务。

2001 年，贵州省启动实施了晴隆县波尔山羊产业化扶贫试点项目，以科技扶贫项目为载体，形成了政府主导、部门配合、龙头带动、合作社组织、公司建基地带农户的产业化扶贫模式，取得了明显成效。

2006 年 6 月，国务院扶贫办和中央智力支边协调小组在晴隆县组织召开现场会，提出在南方 8 省区市石漠化地区推广种草养畜产业化扶贫的试点。从 2008 年开始，中国政府连续 3 年每年安排中央财政扶贫资金，在贵州省石漠化地区开展种草养畜试点。

晴隆县地处珠江上游，是贵州省石漠化较为严重的县之一。近 10 年来，该县发展草地生态畜牧业，石漠化治理成效卓著。晴隆县以县草地畜牧中心为龙头企业，与农户明确了双方的责权关系。县草地畜牧中心对农户实行以羊放贷，借种羊还羊羔，中心收获的羊群又投放给其他贫困户发展。这种"晴隆模式"把草地畜牧业发展、石漠化治理与生态恢复连为一体，其成功经验也被中国西南地区广为借鉴和推广。

据晴隆县草地畜牧中心主任张大权介绍，晴隆县草地畜牧中

贵州石漠化地貌　　　　　　　　　　贵州石漠化地区种草养畜项目点

心从澳洲引进优良的种草和波尔山羊、杜泊绵阳等优质品种，这些羊不仅体大、出肉率高、肉质好，而且没有本地黑山羊啃食草根破坏生态的习性。中心一方面通过提供种羊、草种和技术服务在农户中推广种草养羊，收成与农户分成，初期以四六分成，现在已改成一九分成，农户得九成，让利于农户；另一方面以中心的名义租赁农户的土地集中连片种草养羊，农户每年可得到每亩 200 元的租金。如为中心放羊，每人放牧 50—60 只，每月基本工资为 900 元，繁育率超定额另有奖励。

　　10 多年来，以晴隆县为代表的贵州种草养畜产业化扶贫试点，通过种草养畜中心、农户、乡镇及村技术带头人或养羊协会的紧密利益联结，既实现了农民增收、产业发展的扶贫目标，同时也在滚雪球般地累积扶贫资金来源，壮大扶贫实力。据统计，2010 年晴隆县种植人工牧草 29 万亩，羊存栏达 23.5 万只。项目区农民人均现金收入从 630 元增加到 3300 元，每年治理水土流失面积约 20 平方公里。

　　"晴隆模式"成为国家农业部推荐的 5 种石漠化地区种草养畜模式之一，并在贵州省 43 个县得到全面推广。

灾后扶贫：四川汶川地震灾后重建

2008 年 5 月 12 日，中国发生的汶川大地震给四川、甘肃、陕西三省的基础设施、工农业生产、社会服务和人民的生命财产造成了巨大的破坏。

震后的灾区，百废待兴。国务院扶贫办设立专门工作机构，分三批开展了 100 个贫困村灾后恢复重建试点工作，按照三年重建两年基本完成的要求，指导、协调、帮助、督促四川、甘肃、陕西三省扶贫系统整合资源、有序有力地推进国家重建规划区内 4834 个贫困村灾后恢复重建工作。

截至 2009 年底，汶川地震灾区农房重建基本完成，公共服务设施建设加快推进，基础设施恢复重建有序展开，产业重建和结构调整初见成效，城镇体系建设全面启动，市场服务体系基本恢复，生态修复、防灾减灾和土地利用等进展顺利。一部壮阔豪迈的史诗，在世人眼前展开。人们记忆中山河破碎的悲伤之地，已浴火重生，发生了翻天覆地的变化。

距离北川县老县城 23 公里外的安昌河畔，北川新县城展露新颜：37 米多高的北川新县城第一高建筑羌族碉楼已经封顶，静静地俯视着脚下已经竣工的 3000 多套安居房。

黄泥墙、木板门、红灯笼、青砖瓦，具有浓郁羌族风情的建筑依山势高低错落分布在古街两边。在远处云雾缭绕的青山映衬下，今天的汶川县水磨镇仿佛一幅美丽的图画。

在什邡市红白镇，从柿子坪村到红白村，从五桂坪村到峡马口村，灰瓦白墙、坡型屋面、仿木门窗，错落有致的民居与银杏古树、

汶川地震被毁房屋及汶川县贫困村灾后重建新貌

四川省北川县贫困村灾后重建新貌

依依杨柳和青山绿水相得益彰，仿佛江南。

北川县擂鼓八一中学，在大山中难得的开阔地带拔地而起。宽敞明亮的教学楼，带独立卫生间的学生宿舍，有着塑胶跑道的绿茵场——由济南军区援建、清华大学设计的这所现代化中学，抗震设防烈度等级为9度。

被摧毁的厂房已成为爱国主义教育基地，遭受重创的东汽在异地迁建后焕发生机：生产能力大大提升，产品结构大调整，在风电、核电、太阳能等领域跻身"一流"行列。

北川，是唯一一个整体异地迁建的县城。建设北川新县城永昌镇这个重任，就交给了有着光荣传统的山东援建者。

"要人出人，要钱出钱，要力出力。"这个经济总量位居全国前列的沿海发达省份，下定决心倾其全力支援这个几乎被地震彻底摧毁的内陆山区县。

108亿元资金、17个市3万多名援建人员、不计其数的设备材料，源源不断地从山东注入远隔万水千山的北川。

"修的路要像镜面一样平，晚上车灯都照不出坑洼来。""栽的树要错落有致，花草搭配，乔灌结合，疏密有序，像自家的花园一样整洁美丽。""盖的房要内在有质量，外表求漂亮，像自家装修房子一样搞好内饰处理。"山东援建北川工作指挥部总指挥徐振溪对建设质量的要求近乎完美。

100 多栋黄白两色的安居房装修一新，道路纵横交错，中间绿化带 1 米多宽，羌族特色商业步行街全面封顶。

在新县城的东南角，北川山东工业园初具规模，22 家山东企业总投资 15 亿元。这个园区 2010 年 9 月底基本建成后，预计实现年产值 30 亿元，利税 3.5 亿元，提供就业岗位 8000 个。这相当于北川地震前工业总量的 3 倍。

在每个重建指挥部内，在每个重建工地上，在每个重建村镇里，你总能听到这样那样全力以赴支援灾区重建的感人事例。北京—什邡、上海—都江堰、浙江—青川、江苏—绵竹、广东—汶川、辽宁—安县、河南—江油、福建—彭州，过去它们相隔遥远，今天它们密不可分。

汶川地震灾后重建的成就，彰显了中国特色扶贫开发实践的有效模式。

少数民族扶贫：
云南布朗族（莽人、克木人）及瑶族山瑶支系扶贫

解决边远、民族、贫困地区的深度贫困问题是中国扶贫攻坚的重中之重、难中之难，因此，以边远、民族、贫困地区的深度贫困群众和部分热点难点地区贫困人口为主要对象的特殊区域扶贫试点工作一直是中国扶贫开发进程中重要的部分。

居住在中国云南省红河哈尼族彝族自治州金平苗族瑶族傣族自治县和西双版纳傣族自治州勐腊县、景洪市的 23 个自然村内的莽人、克木人，总人口 3972 人，属解放后直接从原始社会过渡到社会主义社会的"直过民族"。由于长期深居原始森林等自然和历史原因，莽人和克木人处于极为贫困的状态。

国务院扶贫办于 2008 年 3 月牵头成立了扶持云南莽人、克木人发展工作协调小组，指导相关帮扶工作。同时为切实解决莽人、克木人生产生活困难问题，帮助少数民族地区贫困群众早日脱贫致富，

云南省克木人旧居

2008—2009 年，中国政府安排财政扶贫资金 2000 万元，开展莽人、克木人扶贫试点。

2008 年，云南省启动了莽人、克木人发展综合扶持项目，全省 10 余个部门相继投入 17685.69 万元资金，会同上海市、南方电网公司等采取特殊措施，整合各方面力量，实施了包括以安居温饱为基点的基础设施建设、特色产业培植、科技推广、实用技术培训和社会事业建设在内的 12 个工程。各级部门在 23 个莽人、克木人聚居自然村完成安居工程建设 218 户，建设了一批水利工程等，为莽人、克木人贫困群众安居温饱和发展增收打下坚实的基础。

"全村人很快住进了新农村，周边的村寨都羡慕我们。""杂交水稻、杂交玉米会种了，还有杉木、橡胶、草果、茶叶，以后的盼头多了。"牛场坪村的群众你一言我一语。

从远处看，宽敞平坦的村内道路和活动场地，青瓦白墙独具民族特色的楼房掩映在青山绿树间。走进村庄，房前屋后蔬菜成畦，果树成荫，圈舍里鸡、猪、牛、羊等禽畜长得又肥又壮。

"去年，我家人均收获粮食 684 公斤，人均纯收入达到 2376 元。今年初，又栽种草果和马铃薯 8 亩多。一个季节下来，马铃薯卖了 9000 多元。"在金平苗族瑶族傣族自治县金河镇牛场坪村 38 号住

云南省金平县莽人新居

宅前，户主罗开文高兴地说。

这是金平县几个莽人新村的一个缩影。当前，在特殊区域的扶贫试点工作下，云南省莽人、克木人聚居村寨的生产生活已经发生了翻天覆地的变化，对促进周边特殊困难区域整体协调发展发挥着越来越明显的作用。

山瑶是瑶族的一个支系。山瑶群众居住的地方绝大部分自然环境条件极其恶劣，基础设施建设滞后，信息闭塞，缺乏经济来源，社会事业发展严重滞后，群众生活极度贫困，生产生活方式极为落后。

2010年以来，在国家相关部委和上海市的大力支持下，山瑶启动了扶持工作试点，按照"搬家、种树、办教育"的总体发展思路，采取"县内跨乡易地搬迁、纳入小城镇建设安置、就近就地扶持发展"3种扶持方式，围绕"产业发展、基础设施、安居温饱、素质提高、生态环境保护与建设、民生保障"6大工程，攻坚克难，山瑶群众脱贫发展各项工作取得阶段性成效。

亮点：集中连片特殊困难地区攻坚

　　2011 年，《中国扶贫开发纲要》提出将六盘山区、秦巴山区、武陵山区、乌蒙山区、滇黔桂石漠化区、滇西边境山区、大兴安岭南麓山区、燕山－太行山区、吕梁山区、大别山区、罗霄山区等区域的连片特困地区和已明确实施特殊政策的西藏、四省（青海、甘肃、四川、云南）藏区、新疆南疆三地州，作为扶贫攻坚的主战场。

　　中国新划定的 11 个连片特困地区和西藏、四省藏区、新疆南疆三地州，共覆盖 680 个县；作为扶贫攻坚主战场，基本覆盖了全国大部分贫困程度较深的区域和深度贫困的群体。这些地区普遍存在经济基础薄弱、生产生活条件差、产业层级低、基础设施落后和公共服务缺失等问题，个别地区农民群众基本的吃、穿、住、行问题

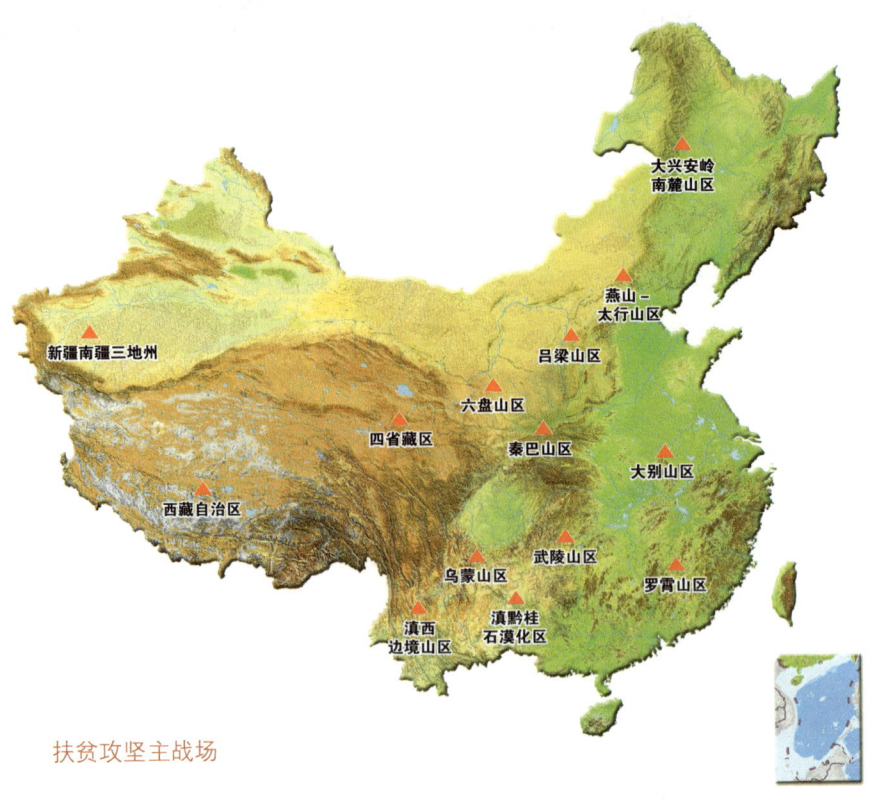

扶贫攻坚主战场

尚未得到根本解决，常年依靠政府救济和社会救助，扶贫开发工作任务异常艰巨。

2013 年，连片特困地区内农村贫困人口 4141 万人，贫困发生率为 20%。

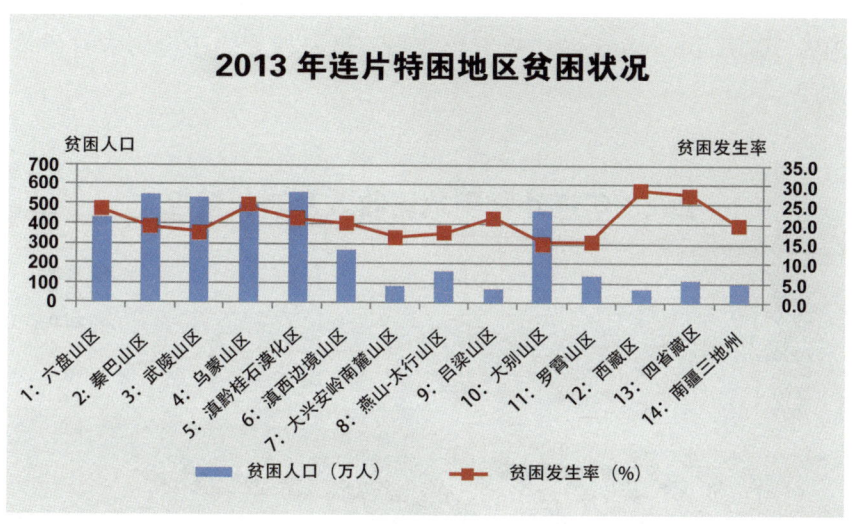

按照中央把集中连片特殊困难地区作为新阶段扶贫攻坚主战场的战略部署和国家区域发展的总体要求，中国决定率先启动武陵山片区区域发展与扶贫攻坚试点工作，为全国其他连片特困地区提供示范。2011 年 11 月 15 日，国务院扶贫开发领导小组正式启动了武陵山片区区域发展与扶贫攻坚试点工作。

武陵山片区跨湖北、湖南、重庆、贵州四省市，总面积为17.18 万平方公里，2010 年末总人口 3645 万人，境内有土家族、苗族、侗族、白族、回族和仡佬族等 9 个世居少数民族。同时，武陵山片区也是集革命老区、民族地区、深山区、贫困地区于一体，跨省交界面大、少数民族聚集多、贫困人口分布广的连片特困地区，也是重要的经济协作区。区域内缺乏强有力的经济增长极，中心城市的带动作用薄弱，贫困程度深，贫困面大。2010 年，人均地区生产总值 9163 元，农民人均纯收入 3499 元，仅相当于当年全国平均水平的 33.7% 和 59.1%，城镇化率比全国平均水平低 20 个百分点。

　　武陵山片区扶贫开发试点实施 3 年来，湖北、湖南、重庆、贵州相继编制完成地区扶贫发展规划，启动扶贫开发试点区建设。

　　2013 年，全国 14 个集中连片特困地区农村居民人均纯收入 5583 元，比上年增加 747 元，增长 15.4%；其中，武陵山区增长 21%，位列 14 个片区增长速度的首位，增长速度高于全国农村平均水平。

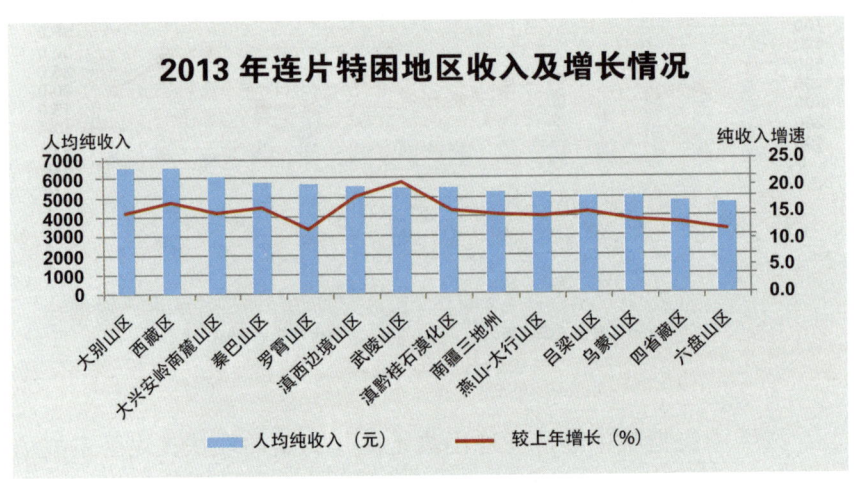

武陵山区恩施扶贫新亮点

　　巍巍武陵山，绵延八百里。"土地平旷，屋舍俨然。有良田美池桑竹之属，阡陌交通，鸡犬相闻。"东晋（317—420）诗人陶渊明曾将此地描绘成一片世外桃源。

　　然而，过去 1000 多年里，武陵山区却一直与贫困相伴。

　　2011 年 11 月，国务院率先在武陵山片区开展区域发展与扶贫攻坚试点。湖北恩施 8 县市全部入选。

　　让 100 多万贫困人口同步迈进全面小康，为全国连片贫困地区、山区扶贫发展探路子、做示范——这是恩施州誓要抒写的答卷。

　　作为中国最年轻的自治州州府所在地，恩施市在武陵山片区扶贫开发试点启动的背景下，立足州城首府区位优势，全力打造武陵山区域城市中心、交通枢纽中心、旅游休闲中心、低碳工业聚集中心、富硒产品集散中心、民族团结进步示范中心的"六个中心"。围绕"民俗风情城、山水园林城、生态旅游城、交通枢纽城、区域中心城"的建设目标，近年来恩施州累计投资 30 多亿元，城市功能日渐完善。特色村寨保护与发展方兴未艾，目前投入资金达 5000 多万元，已完成特色民居改造 2.5 万余户，形成了庄口、小溪等一批风格独特的民族建筑群落，在改善少数民族群众生活环境的同时，也着重保护了民族文化。

此外，恩施州以绿色工业、特色农业、生态旅游业为主题，掀开了"仙居恩施"发展的新篇章。目前，恩施烟叶、茶叶、药材、蔬菜、林果、畜牧等六大特色产业已成规模；富硒绿色食品、水电能源、矿产建材、医药化工、机械制造、烟草等六大产业集群正在不断发展壮大。

时间见证了恩施州的弯道超越，数据证明了恩施州的跨越发展。2011 年全州实现"两个突破"：GDP 突破 100 亿；财政总收入突破 10 亿元。2013 年再次实现"两个突破"：固定资产投资突破 100 亿；旅游接待人次突破 1000 万大关。

走进恩施龙凤镇吉心村，一幅整洁富足的新农村画卷徐徐展开：曲折的环山公路旁，碧绿通透的葡萄园中结满了晶莹的葡萄；道路两旁矗立着一幢幢崭新的楼房；农户的新居里，自来水、沼气池、洗衣机、太阳能热水器等一应俱全……

"以前做梦都没想到能过上现在的好日子！"村民官地宽说。几年前，村民家中还是低矮的瓦房，烧火做饭

美丽恩施

恩施市龙凤镇吉心村新貌　　　恩施咸丰县麻柳溪村

仍需上山打柴；近些年，在国家相关政策的帮扶下，村里建起了葡萄、烟叶等农特产品基地，日子越过越好。去年，官地宽的儿子还买了一辆小轿车。

吉心村的变化，是湖北恩施近年来连片攻坚扶贫工作的一个缩影。青山绿水、蓬勃向上，恩施扶贫开发的经验也为武陵山片区扶贫开发提供了重要借鉴。

"整村推进"，以村为单位进行扶贫整体规划，是恩施州巧借外力实现脱贫致富的重要举措。通过开展整村推进等方式，恩施州2012年全年新增特色扶贫产业基地30万亩，培育州级重点龙头企业26家、农民专业合作社721家。"恩施玉露"茶叶、"清江源"烟叶、"大山鼎"蔬菜、"长友"山野菜等特色农产品的品牌知名度和市场占有率明显提升。

距离咸丰县城约65公里的麻柳溪村，连片的木质土家吊脚楼错落有致。利用整村推进机遇，全村建成了有机茶基地1650亩，并配套发展生态观光旅游业，走上了生态农业与观光旅游相结合的休闲旅游发展道路，成为恩施农村综合扶贫典型示范单位。

建始县东南的花坪乡村坊村的"整村推进"，则充分利用了当地特有的地理、气候条件，种植"关口葡萄""红心猕猴桃"等特色农产品，村民年人均纯收入达到 6840 元，158 户农民的年纯收入超过 5 万元。

"为了提升扶贫效率，必须对贫困农户实现精确'瞄准'。"为了确保"扶贫到户"，2012 年起，恩施还在国内率先探索建立了具有地域特色的"恩施州贫困人口动态管理信息系统"。贫困农户的信息逐一被录入系统，便于采集、审核管理以及统计汇总、变更。

在精确对接贫困农户的基础上，恩施州充分"借力"专业合作组织、龙头企业等以及小额信贷政策的优势，建立了产业牵引带动贫困农户的利益共享机制，使得贫困户脱贫增收更易实现。

阡陌纵横的恩施市龙凤镇二坡村里，鸡犬之声相闻。按照政府扶持、合作社组织、大户带动、农户主体的模式，村里建立了以蛋鸡养殖为村域支柱的特色产业；通过加强品种改良和人力技术培训，吸引了越来越多的贫困户参与养殖。截至 2013 年已累计增收 192 万元，全村扶贫对象中共有 125 户 456 人摆脱了贫困。

72 岁的二坡村村民尹庆福告诉记者，他养了 500 只蛋鸡。购买鸡苗和饲养笼时，政府直接补助了一半的开销。鸡蛋由与村里签约的专业农产品公司统一收购，不愁销路。坚实的"外力"支持，让他信心满满："我准备再腾点地方多养一些，这比种地收入高多了。"

恩施州民宗委经济科科长冉茂琼告诉记者，2012 年，全州实现生产总值 482 亿元，农民人均纯收入达到 4571 元；增幅连续两年位居全省第一。

第五章

关爱特殊群体

民族共进

　　中国是一个多民族国家，由于历史、社会和自然条件等原因，相当部分少数民族地区经济发展落后，社会发育程度较低。针对这一情况，中国政府对少数民族贫困地区的扶贫开发十分重视，不仅在扶贫标准、政策、措施、资金方面给予重点倾斜和特殊照顾，还制定专门扶持少数民族发展的专项措施，积极动员和组织包括东部沿海省市、各级党政机关和各方面社会力量参与少数民族贫困地区扶贫开发建设，合力推动少数民族脱贫，促进 56 个民族共同发展进步。

　　2002 年到 2011 年，在专项安排少数民族发展资金 87.48 亿元的同时，中央财政不断加大对宁夏、广西、新疆、西藏、内蒙古五大少数民族自治区和少数民族分布集中的贵州、云南和青海三省的

少数民族八省区分布图

扶贫投入。中央财政专项扶贫资金从 2002 年的 38 亿元增加到 2011 年的 113 亿元，10 年累计投入 620 亿元。2008 年又将西部地区所有边境县在内的 120 个边境县纳入"兴边富民行动"扶持范围。在整村推进扶贫规划工作中，7 个少数民族人口较多的省区（不含西藏）共有 3.4 万个贫困村被纳入扶贫规划，占全国贫困村总数的 22.9%；西藏有 200 个贫困乡镇被纳入扶贫规划。

通过这些努力，2001—2010 年，民族八省区低收入人口规模从 3076.8 万人减少到 1034 万人，少数民族重点县农民人均纯收入由 2002 年的 1219 元增长到 2010 年的 3131.3 元。中国政府对少数民族的扶贫开发取得了显著成效，为推动民族团结进步做出了积极贡献。

吉林省朝鲜族的扶贫兴边行动

位于吉林省延边朝鲜族自治州的珲春市、图们市、龙井市、和龙市、安图县以及白山市的长白朝鲜族自治县等 10 个县市区不仅是中国朝鲜族的聚居地，也是著名的边境县。在 208.45 万的边境总人口中，少数民族人口达到 41.54 万。吉林省全长 1438.7 公里的边境线中，就有 1015.7 公里长的民族地区边境线，占全省边境线总长的 70.06%。

这些少数民族聚居的边境县均处在吉林省东部山区，地理位置偏僻，基础设施薄弱，农村泥草房、危旧房的比例偏高，少数民族群众的居住环境急需改善，而吃水难等问题也较突出。这些问题的存在，直接影响了边境少数民族地区经济社会的健康发展与和谐稳定。为此，吉林省民委在深入调研的基础上，把切实加强和改善边境地区基础设施建设，解决各族群众住房难、吃水难、增收难问题作为"十一五"期间兴边富民工作的重点任务，合力推进兴边富民行动"三项工程"，即泥草房危房改造工程、人畜安全饮水工程和农民增收致富工程。

在延边州安图县石门镇茶条村村民韩英玉的家里，这位 54 岁的朝鲜族妇女正在做朝鲜族特色饮食大酱汤。提起她的新房子，她就笑得合不拢嘴："这房子是去年5月份村里帮我们新建的。130多平方米的房子，我们自己才掏了不到4000元。"

韩英玉原来已经住了16年的泥草房，每年都要更换一次房顶的稻草。因为丈夫和子女都在外打工，很少回家，自己一个人换非常麻烦，但不换就会漏雨。"去年5月份，村里说要进行泥草房改造。我一开始还担心没有钱改造，后来听说政府会给我们补助，我们只需要出几千元就可以，全村的村民都高兴坏了。"韩英玉笑着说道，"你瞧，这白白的墙，蓝色的铁皮瓦屋顶，我真是从没想过还能住上这么漂亮的房子。"

而同村的朝鲜族妇女朴贞顺在自家的泥草房改造后，还有了新的想法。"房子改造时，政府请了专门的设计师，尽量让房子保留了传统的民族特色。我就想着，这么具有朝鲜族特色的新房子，为什么不用来搞农家乐呢？镇里和村里的领导都很支持这个想法。今年，村里还出资让我们一些村民去韩国学习考察农家乐的经营方式。虽然现在我家的农家乐刚刚起步，但我有信心搞好。"朴贞顺说。

安图县茶条村村民朴贞顺（右）在新家办起了农家乐

茶条村党支部书记朴胜一告诉记者，村里每户村民的泥草房改造都得到了政府有关部门1万至2万元左右的补贴。对于那些实在没有条件自筹资金改造的村民，村里还出资建造了联体房，提供给贫困户居住。近几年来，由当地民委牵头，各级政府部门对茶条村的泥草房改造已经投入了300多万元。现在，全村360户的泥草房已经基本改造完成。

"老百姓图个啥？首先得住得好。因此，泥草房改造是我们工作的一个重点。"延边州民委主任王连珠介绍说，自2006年以来，延边州累计改造农村泥草房1.1万户、残疾人危房300户。

吉林珲春市三家子满族乡古城村是一个特别的村子——它北隔图们江与朝鲜相望，全村虽只有157户496名村民，却是一个朝鲜、满、汉等多民族混居的村庄。

走进这个"爱民固边模范村"，无论是写着"爱民固边促和谐，奉献青春守边陲"的标语牌，还是村支部里贴满各项爱民固边活动的图片，都让人们深深感受到这个边境小村浓厚的团结和谐氛围。

自2006年爱民固边工程在村里开展以来，"军民团结"的涵义便在这个边境小村得到了最好的诠释。"爱民固边，顾名思义，爱民就是要访民、知民、亲民、助民，固边就是要把好国门、守好边界。"在村支部的宣传栏上，醒目地书写着这样一段文字。而在4年间，点点滴滴的军民故事正践行着这一段话。

12岁的汉族小姑娘张芙蓉失去了爸爸，家里只靠妈妈的收入维持生活，经济十分困难。边防派出所的民警知道情况后，每年为她资助学费，逢年过节还常常带着学习用品和好吃的东西来看望她。小姑娘一提起边防派出所的叔叔们就特别高兴："叔叔们都像我的家人一样疼爱我。"

和张芙蓉一样，村里许多贫困户的孩子们都和边防派出所的民警亲如一家人。接送留守儿童上下学，为孩子们补习功课，民警们用无微不至的关怀让村里的贫困儿童感受到了温暖。

"他们还为村里植树绿化、整理村容，帮助贫困家庭干农活……他们真是把能想到的可以为村民们做的事情都做了。"古城村的原村党支部副书记张喜博感慨地说，"令我感动的是，有一次，我遇到一位民警，他穿着便装，一个人骑着自行车到村里为树木修枝。我让他留下吃饭，他却说回去还有工作。他们总是这样默默地为村民们做好事，却从来不索取回报。"

边防民警的热情也感动着村民们。每逢"八一"建军节，村民们总要带着自

古城村边防派出所的民警经常接送村里的留守儿童上下学

家的农产品去看望民警。知道很多边防民警都来自外地，村里的阿妈尼（朝鲜语，意为"老妈妈"）怕他们吃不好饭，总会在秋天去给他们腌制朝鲜族传统的泡菜……

事实上，在吉林的边境线上，像古城村这样充满着浓郁军民鱼水情的村子还有很多。近年来，省民委与省公安边防总队围绕兴边富民、新农村建设和爱民固边战略等，在全省边境地区 19 个乡镇选择了 38 个交通相对闭塞、治安状况复杂、靠近边境一线的行政村，作为共同创建的爱民固边模范村和民族团结示范村、示范点。边防派出所与模范村、示范村都积极开展以"两个支部一党课、两个班子一起建、两条战线一盘棋、各个民族一家亲"为内容的"同心筑堡垒活动"。

穿行于吉林省边境线上的各个村庄，感受着朝鲜族特有的风情，无论是如城镇居民家般干净整洁的朝鲜族农户家庭，还是温柔好客的朝鲜族妇女和那香味四溢的大酱汤，都让人对这个民族有了一个更深的了解。而朝鲜族群众时时露出的幸福笑容和满足感，正是来源于国家对少数民族扶贫开发的重视以及兴边富民行动的正确引导。

妇女发展

无论是在社会还是在家庭中，传统中国农村的男女不平等现象都比较严重；在严峻的农村贫困现象中，妇女贫困现象尤其突出。中华人民共和国建立以后，积极推进男女平等，使越来越多的妇女地位得到提高，大量妇女走出家庭，从事社会劳动。

中国政府始终关注农村妇女贫困问题。政府在制定扶贫政策和规划时，在政策、资金、项目上坚持妇女优先的原则。中国政府制定了有利于妇女减贫和发展的各种政策，并联合企业、各类社会组织等积极开展有针对性的支持妇女减贫的活动，在促进贫困妇女就业、改善贫困妇女教育和卫生服务、提高妇女参与社会公共事务方面取得了显著成效，妇女贫困问题明显缓解。

通过"幸福工程"得到救助的贫困母亲露出开心的笑容

中国儿童少年基金会"春蕾女童"重返校园

中国妇女联合会组织开展的"农村小额循环扶贫"项目，以"小额借款，入户扶贫，循环使用"的方式，陆续在中国 20 多个省区市的城乡实施，项目资金 1.2 亿元，地方配套资金 7000 多万元，帮助 30 多万名妇女发展种植、养殖和加工业，辐射带动 300 多万人脱贫致富。

中国人口基金会救助贫困母亲的"幸福工程"，截止到 2011 年 10 月底，已在中国 29 个省区市设立了 463 个项目点，累计投入资金 8.29 亿元，救助贫困母亲及家庭 25.34 万人（户），惠及人口 113.8 万人。"幸福工程——救助贫困母亲行动"独特的扶贫对象和低成本、高效率的扶贫模式，在扶贫开发的实践中取得了有益的成绩。

中国儿童少年基金会专门资助贫困地区失学女童的"春蕾计划"，多年来累计募集资金 8 亿多元，捐建春蕾学校 900 余所，资助贫困地区失学女童 180 万人次重返校园，对 43 万多女童进行了实用技术培训。

中国妇女发展基金会于 2001 年发起援助西部缺水地区妇女的"母亲水窖工程"，2001—2010 年共投入建设资金 4 亿多元，为以西部为主的 23 个省区市修建"母亲水窖"12 万多口、小型集中供水工程 1300 多处，配合政府解决了 170 多万人口的饮水困难。

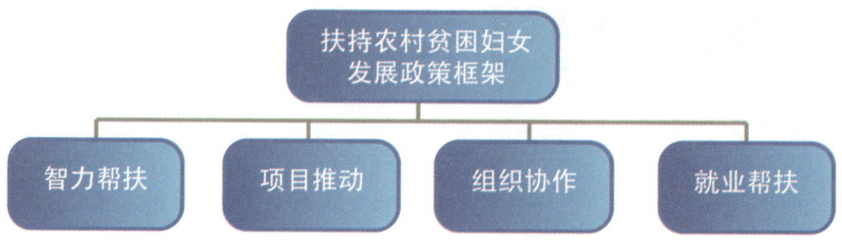

她们的故事：宁夏盐池"扶贫微贷"助农村妇女创业致富

近年来，宁夏回族自治区盐池县建立了以"服务三农、关注贫困、低额度、广覆盖"为特点的"盐池小额信贷模式"，为近 1.4 万户贫困农民特别是农村妇女提供了无需抵押、手续便捷的小额担保贷款，带动农村生产发展和农民增收，有效破解了县域经济发展中突出的贷款难等问题。

盐池县花马池镇高利乌素村 61 岁的农家妇女汪树莲，从 10 多

"母亲水窖"在雪域高原

年前贷款 1000 元养 5 只羊起家，到 2004 年贷款 5000 元开办石膏厂，再到如今"身家"已过百万，成了当地有名的富裕户，这在十几年前是她想都不敢想的事。

汪树莲的脱贫致富，得益于盐池县开展的扶贫微贷项目。始于 1996 年的扶贫微贷项目旨在支持小微企业和农户融资发展。通过自治区金融办协调国家开发银行宁夏分行等进行金融支持，这个项目已发展成为中国公益性小额信贷机构中第一家获批的、公益资本控股的信贷机构——宁夏惠民小额信贷有限公司。

据宁夏惠民小额信贷有限公司董事长龙治普介绍，扶贫微贷以农村妇女为主要贷款对象，支持她们发展养殖业等经营性创收项目。按额度不同，扶贫贷款分为 2000 元到 5000 元不等的基础贷款、发展性贷款和微小企业贷款。贷款以农户联保信用为基础，无需抵押，手续便捷。

2000 年春天，宁夏惠民小额信贷有限公司的前身"盐池县妇女发展协会"到高利乌素村推广微贷。然而，从未贷过款的农民对这一惠民金融项目并不认可，项目推进遭遇困难，第一批放贷时近百户人家只有 12 户参贷。

据汪树莲回忆，当时的村支书担心村里人还不上款，劝推广贷款的业务员不要浪费时间，村民也普遍不支持妇女贷款。但是，以汪树莲为代表的一批创业妇女通过贷款种蔬菜、搞养殖、办厂子，钱包一天天鼓了起来。她们的成功让村民看到了盼头，到第三批放款时，村里全部农户都贷了款。

通过贷款创业实现脱贫致富，使农村贫困妇女的经济和社会地位得到明显提升。2005 年以来，当地有 18 名妇女先后获得了"全球微型创业奖"。2010 年，获得全球小额信贷微型企业家年度社会影响奖的汪树莲走出山沟，受邀前往法国卢浮宫参加了颁奖典礼。

中国国家开发银行宁夏分行客户三处处长梁文说，盐池小额信贷模式以促进贫困农户脱贫致富为目标，有效解决了"三农"中的发展问题和农村基层组织建设难等问题。因贷款手续简便、放款时效性强、利率机制浮动灵活等优点，小额信贷模式有效缓解了当前县域金融"贫血"以及由此引发的民间非法借贷问题，为农村贷款困难群体开辟了一条信贷绿色通道。

目前，盐池小额信贷模式已被推广到宁夏同心县、红寺堡区等其他贫困地区，成为宁夏金融扶贫、小项目富民的成功典型。

守护夕阳

自 1996 年颁布实施老年人权益保障法以来，中国城乡老年人的生存和发展条件得到了很大改善。尤其是城市，老年人的物质和文化生活都有了较大改善，精神面貌发生了很大变化。但是，农村老年人口的情况与城市相去甚远。特别是在贫困地区，老人往往既要带孩子，又要种庄稼、养牲口，他们离老有所学、老有所为、老有所乐的生活还很遥远。

安徽省肥西县西部的马店村是一个典型的农业村。全村以农业生产为主，经济较落后，在肥西县乃至全省农村都具有一定的代表性。在马店村，由于近年来农村青壮年劳力大量外出务工经商，家中的农活大多交给了留守的老人。老人们起早贪黑地操劳，农忙季节往往不得不进行超体能的劳动。为了给外出打工的子女减轻负担，许多老人还担负着孙子辈小孩的抚养和教育的重任。马店村 60 岁以上老人中，常年参加劳动的 119 人，占老年人口的一半以上。高强度的劳动给老人们带来了不同程度的身心伤害。

然而，多数农村老人虽勤劳、富有生产经验，但他们的收入却越来越少。2003 年马店村农民人均纯收入 2650 元，而同村 60 岁以上老人的人均纯收入仅 720 元，差距十分明显。由于长期受自然经济的影响，老人们基本上都是从事传统农业生产，难以增收。而老年人体力下降，对于有些农活力不从心，加上缺乏必要的生产资金，有的老人种地主要是靠天收，这也影响了农业的生产经营。

中国的多数农村老人在年轻时代崇尚多子多福，一般都有四五个孩子。为了供孩子上学、结婚盖房，他们费尽了心血，没有为自己攒下任何养老的积蓄。现在孩子们有了自己的小家庭，却往往难以照顾上老人，老人的生活水平明显低于其他人群。在马店村，2003年老人年生活消费支出人均775元，比全县农村居民人均生活消费低1457元，只相当于农村居民平均消费水平的34.7%，基本上只能维持温饱，属于相对贫困的人口。在居住方面，虽然农村居民的居住条件已大为改善，钢混结构及砖木结构面积已占全部住房面积的90%，但老人的住房往往都是家中的老房，有的甚至是危房。

由于农村没有文化活动的设施和场所，农民文化生活相当贫乏，看电视基本上成为当地人文化生活的唯一方式。老人的精神生活则更加单调，甚至连看电视都没有条件享受。马店村老人中能常年观看电视节目的仅有48人，只占老人总数的22%。多数老人天一黑就上床睡觉。

与劳动艰辛和精神生活匮乏相比，老人们最担心的是生灾害病。遇到身体不适，为了节省医疗费用，只能是大病小看，小病不看。目前，农村老人基本没有参加社会养老保险，老人丧失劳动能力后，只能依靠子女赡养。而多数子女不愿意和老人生活在一起。马店村老人独自生活的有164人，占全村老人的71%。子女们往往只为老人提供生活用口粮和食油，有的子女甚至连粮油也不能及时给老人提供。老人一旦丧失生活自理能力，多数都是在不同子女家轮流生活；有的子女接送时互相推诿，少数老人甚至受到子女的虐待。

上述描述仅仅是中国农村老人生活现状的一角。在贫困地区，老人的生活状况更为堪忧。因此，中国的扶贫开发有必要对农村贫困老人做出特殊安排。同时，关注农村和贫困地区的老年人，也是中国政府积极应对人口老龄化、依法保障老年人权益、加快老龄事业发展的重要方面。

农村老年人口大多已经丧失了劳动能力，尤其一些贫困老人还面临疾病、养老等方面的顾虑。因此，社会各界也积极呼吁国家政策、法律以及扶贫开发政策应重点对农村老人尤其是贫困地区老年人的权益保护进行倾斜，真正实现贫困老人"老有所依"。

2007年，中国实现了农村最低生活保障制度全覆盖。这一制度是农民在不能维持最低生活水平时，由国家和社会按照法定的标准向其提供最低生活需要的物质援助的社会保障制度。2008 年 10 月，中国继续提出农村最低生活保障制度和扶贫开发政策有效衔接，即县级民政部门在对农村最低生活保障对象进行复核时，确定出有劳动能力者，建立农村低保户档案制度；对于其中具有一定劳动能力的低保对象，根据其不同情况，由扶贫开发部门给予扶贫贴息贷款、产业扶贫项目、劳动力转移培训等方面的扶持政策，综合提高贫困农民生计持续自我改善的能力；对于无劳动能力者，仍然只发放最低生活保障金。这样，中国政府针对农村低收入人口实行了差异化的扶贫开发，也将使一部分农村贫困老人享受到农村最低生活保障。

浙江松阳：以宅基换养老，解决农村贫困老人养老问题

在浙江省松阳县赤寿乡梧桐口村的老人公寓里，叶美云、付爱定等 11 位老人正坐在宽敞的公寓里看电视。前些天，这些贫困的孤寡老人终于告别潮湿而破旧的百年老屋，开开心心地搬进村老人公寓。67 岁的叶美云说："宅基地换养老，这个办法管用！等于帮我找来了亲生子，我的养老问题终于解决了。"

松阳县在开展旧村改造工作中，发现全县农村 37870 名留守老人中，有 15300 人是老弱病残者。这些老人养老都成问题，更不要说建新房了。而由于基本农田保护率高达 93.7%，该县土地"农转用"报批困难。农村宅基地调剂困难，农民建房难的问题也很突出。因此，为解决农村贫困老人的养老问题，松阳县探索实施了"宅基地换养老"的工作方法。

梧桐口村 84 岁的朱继法老人过去一直住在老房里。由于房子年久失修，木桩、房梁虫蛀严重、低矮潮湿，遇上台风、暴雨天气，更是提心吊胆，生怕发生意外。老人把老房交给村集体处置，得到两万元生活补助，还分到一套 32 平方米的公寓免费居住。

据村党支部书记翁信宝介绍，由村里出资 30 余万元建造的 18 套公寓，一套留作活动室，其余 17 套免费提供给村里孤寡老人和贫

困老人居住。

龙下村的叶美云老人告诉记者：老屋交给村里后，领到 16000 元可以养老，加上自留地种些菜果到市场上卖，每年帮别人采摘茶叶等，晚年生活有了足够的保障。此外，村里分来的一套公寓可免费住到终年。这种"宅基地换养老"的方式，解决了她的后顾之忧。

"宅基地置换养老"，是将孤寡、贫困以及留守老人的宅基地交给村集体，村委会按每平方米 85 元至 200 元标准给老人补助，并以每平方米为单位奖励签订合同者。公寓产权归村集体所有，老人免费享有公寓的终身居住权。

2008 年 7 月，这个做法率先在该县赤寿乡梧桐口村、龙下村、择子山村、红连村实施。2009 年以来，这 4 个村的村集体把刚建好的公寓交给 300 位困难老人居住，让他们能安然养老。

目前，"宅基地换养老"的举措在松阳农村全面实施。在古市、新兴等乡镇，10 多个老人公寓拔地而起。

2009 年底，中国地方政府创新奖评委会对松阳县"农村宅基地换养老"项目进行资格审查和初选。这一做法也被列入第五届"中国地方政府创新奖"30 个入围项目。

关爱儿童

成效斐然的同时，中国弱势儿童群体数量依然庞大也是不争的事实。尤其是受到长期存在的城乡二元结构、地区间经济社会发展不平衡等结构性因素的影响，中国农村儿童发展和权利保障依然面临诸多挑战。农村贫困儿童生活保障、留守儿童安全、流动儿童公平教育、残障及五保儿童基本保障、贫困家庭代际传递对儿童的不利影响等问题的存在，不仅影响中国现阶段减贫目标的实现，而且很可能制约国家长期减贫目标的成功实现。

中国各类弱势儿童群体规模

孤儿	民政部门登记在册的孤儿人数从 57.4 万（2005 年）上升至 71.2 万（2010 年）
农村五保儿童	到 2012 年底，中国农村五保供养孤儿总计约 26.93 万人，其中集中供养约 6.35 万人，分散供养约 20.58 万人
残疾儿童	0—17 岁的各类残疾儿童共计 504.3 万，大约占残疾人总数的 6.08%，其中 0—14 岁残疾儿童有 386.78 万，占到 0—14 岁儿童总数的 4.66%
贫困儿童	2011 年，中国贫困儿童 1500 万，其中西部贫困儿童 760 万。贫困地区儿童生长速度较慢，与世界卫生组织标准相比：低体重率达到 12%—36%，生长迟缓率是城市儿童的 6 倍，维生素 A 缺乏率是城市儿童的 4 倍
农村留守儿童	中国农村留守儿童 6102.55 万，占农村儿童总数的 37.7%，占全国儿童总数的 21.88%
受艾滋病影响儿童	2010 年底，中国受艾滋病影响儿童约有 49.6 万—89.4 万，其中 2 万—2.7 万为艾滋病遗孤

（资料来源：北京师范大学，联合国儿童基金会，《中国儿童福利政策报告（2011）》，2011 年 6 月。）

2013 年底，中国政府颁布了扶贫领域最新纲领性文件——《关于创新机制扎实推进农村扶贫开发工作的意见》。如何清晰辨识包括儿童在内的不同类型贫困群体及其致贫特点，如何建立更具有针对性和瞄准性的减贫政策和运行机制，将是中国政府在新的减贫阶段重点回应的挑战。2014 年 3 月，李克强总理在所做政府工作报告中庄严承诺：2014 年将继续减少贫困人口 1000 万以上，要继续向贫困宣战，绝不让贫困代代相传。

教育部：优先解决贫困地区农村孩子吃饭营养问题

由于自然环境恶劣、家庭经济困难、地方特有生活习惯、家长缺乏儿童抚养知识以及父母忽视儿童饮食营养搭配等多种原因，农村贫困儿童在饮食和营养健康方面存在着不按时吃饭、饮食结构单一等诸多问题。

2013 年乐施会支持中国农业大学在中国 62 个贫困县 108 个乡镇调查发现，多达 43.9% 的 0—3 岁儿童家长或监护人不了解或者不清楚儿童饮食和营养搭配知识，53.0% 的 4 岁以上儿童家长不考虑儿童饮食的营养搭配。全国妇联的一项研究也发现中国儿童营养状况存在明显的城乡差异和地区差异，贫困农村儿童营养问题更为突出。2010 年中国贫困地区 5 岁以下儿童中尚有 20% 存在生长迟缓；6 到 12 月龄农村儿童贫血患病率高达 28.2%，13 到 24 月龄儿童贫血患病率也居高为 20.5%。

在甘肃西北部的一个贫困村，12 岁的姐姐和 11 岁的弟弟都在村里小学念书。姐弟俩个头都很小，身体瘦弱，目测身高只有 1 米左右，完全不像是实际年龄应有的体格。刚开始见面时，调研人员还以为他们只有七八岁。

"学校里有没有免费的午餐？"

"没有，但是有免费早餐。"

"那你们早餐都吃的什么呀？"

"米饭，还有馍馍汤。"

"那中饭你们只能回家吃吗？"调研员不解地问。

"不吃中饭，晚上回家吃晚饭。"

"不吃中饭你们不饿吗？"

"不饿……"小男孩低声地说。

孩子的母亲解释了原因：由于孩子们在山下小学读书，离家有7公里山路，每天天不亮，爸爸就要送他们上学。早上去上学时来不及在家吃饭，好在学校里免费营养餐是10点多开始（当地居民早饭时间一般在10点左右）。因为早饭吃得晚，孩子们上学不带中午饭，学校不提供午餐，大部分孩子也就不吃了。因为家里经济困难，这姐弟俩在学校也没有零花钱。下午4点多放学回家，孩子们到家后就开始吃晚饭。这样，孩子和大人一样都是一天两顿饭。平时吃饭大人吃什么孩子也吃什么，也没有条件特意为孩子准备一些营养食物。全家平时主要吃洋芋（土豆），偶尔下山买点其他的蔬菜。家里还养着几只鸡，偶尔会下几个鸡蛋。鸡蛋主要给孩子吃，但只有逢年过节孩子们才能吃上肉。

2011年10月26日，国务院总理温家宝在国务院常务会议上提出，从2011年秋季学期起，启动实施农村义务教育学生营养改善计划，在集中连片特殊困难地区开展试点，中央财政按照每生每天3元的标准为试点地区农村义务教育阶段学生提供营养膳食补助。试点范围包括中国680个县（市）约2600万在校生，由中央财政负担国家试点每年所需的160多亿元资金。同时，国家鼓励各地以贫困地区、民族和边疆地区、革命老区等为重点，因地制宜开展营养改善试点，中央财政给予奖补；统筹农村中小学校舍改造，将学生食堂列为重点建设内容，切实改善学生就餐条件；将家庭经济困难寄宿学生生活费补助标准每生每天提高1元，达到小学生每天4元、初中生每天5元，中央财政按一定比例奖补。

2013年5月，在全国农村义务教育学生营养改善计划评估结果发布会上，陕西省扶风县被评为"全国农村义务教育学生营养改善计划先进县"，成为全国20个先进县区之一。据了解，扶风县共有126所学校、3.75万名农村义务教育学生。2012年，扶风县被确定

扶风县农村义务教育学生营养改善计划实施情况

为首批农村义务教育学生营养改善计划试点县后，先后投资2.8亿元，新建标准化中小学10所，全部配备标准化餐厅；投资562万元，为116所学校统一配备了消毒柜、储藏室、留样机等设施设备；在国家投入的基础上，省市县再配套追加1元，县级财政每年承担262万元。

根据县情实际，扶风县还实行营养早餐与营养午餐并行，在设施完善、生源集中的学校，提供品种齐全、搭配合理的营养午餐；在条件差、生源少的学校，配送以鸡蛋、牛奶、面包为主的营养早餐。

大爱无障

中国贫困残疾人在贫困人口中占相当大的比例。按照最新的年人均纯收入2300元（2010年不变价）的扶贫标准，农村贫困残疾人至少有2000万人。

为深入推进残疾人扶贫开发，中国专门制定了《农村残疾人扶贫开发计划》。通过残疾人康复扶贫贷款、农村残疾人危房改造工程、贫困残疾人扶贫基地等专门针对残疾人制定的各项扶贫政策措施，以及残疾人享受各项扶贫政策的优惠等，中国逐渐建立并完善了农村贫困残疾人扶贫政策体系。农村残疾人扶贫工作也取得显著成就，有力地促进了经济社会发展、减贫事业推进和民生改善，为中国农村贫困人口减少、农村居民生存和温饱问题解决做出了突出贡献，有力推动了贫困地区经济发展与社会和谐。

据统计，2001年以来，近1300万残疾人解决了温饱，生活状况得到有效改善，家庭收入稳步增加；54.6万户贫困残疾人家庭的危房得到改造，居住条件明显改善；868万残疾人接受了农业生产和实用技术培训，掌握了1至2项生产技能，他们中的大多数通过勤奋劳动摆脱了贫困，很多人还成为技术能手和致富带头人。

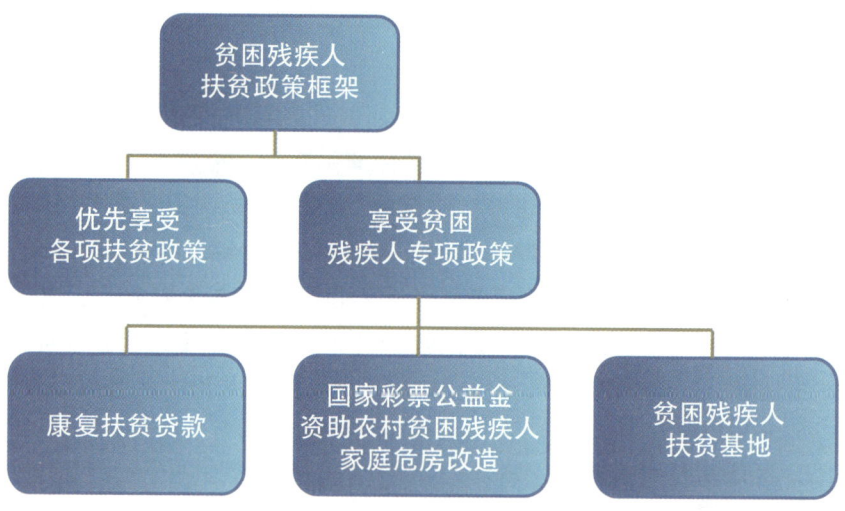

"农村残疾人危房改造工程"

为缓解农村贫困残疾人住房困难，中央安排彩票公益金专项用于农村贫困残疾人危房改造项目，中国残联负责实施与管理。2009年度农村贫困残疾人危房改造项目任务总体计划6.9万户，其中中央资助中西部省1.02亿元，中央不再给予危房改造资金补助。中央对危房改造户每户补贴资金 2500 元。省、市、县三级财政均按 1 ：1 的比例匹配中央资金。

康复扶贫贷款

康复扶贫贷款是国家为解决贫困残疾人温饱而安排的专项信贷资金，用于扶持农村残疾人贫困户从事有助于直接解决温饱的种植业、养殖业、手工业和家庭副业，主要以小额信贷的方式直接扶持到残疾人贫困户。

河南信阳：依托农村残疾人扶贫示范基地推进残疾人就业

2012 年 11 月 13 日，信阳市残联在息县恒辉五金饰品厂举办了第二期以落实残疾人就业为目的，为时一个月吃、住、行全免费的实用技术培训班，100 多名残疾人参加了电脑数控、车床加工、线切割加工、焊接抛光等多种实用技术学习培训。

此前 10 月份，按照河南省残疾人联合会的安排，信阳市残疾人联合会前后遴选了 150 多位残疾人千里迢迢去郑州参加富士康招工面试，但招录率为几十分之一。

看到残疾人因未被招录而失望、沮丧的表情，信阳残联党组、理事会在充分调研后，决定发挥省农村残疾人扶贫示范基地的示范、引导和带动作用，依托息县恒辉五金饰品厂对富士康招工落选残疾人和全市有就业愿望的残疾人举办培训班；重点是引导、接收有就业意向的残疾人就业，参训残疾人的就业率要达到 70% 以上。

信阳息县恒辉五金饰品厂是河南省农村残疾人的扶贫示范基地。该厂可容纳 300 名员工就业，就业半年后稳定收入可达 2000—4000 元，培训班学员已有 50 余名残疾人及亲属表示培训后留厂工作。

已在恒辉五金饰品厂就业的残疾人付秋娟在培训班仪式上发言。她说，就业让她实现了"自尊、自强、自信、自立"的人生坐标。

残联检查指导残疾人就业

在信阳，有更多像付秋娟一样的残疾人在残联以及社会各界的帮助下，改变了人生的轨迹，并影响更多的残疾人实现自强发展。

在信阳市新县县城，说起残疾人汪功顺，大家都非常熟悉。汪功顺现在是新县嘉宝莉涂料专卖店经理，右手为三级肢体残疾。近20年来，他在各级残联的帮助下，凭着自强自立的信念，克服一切困难，先后办起了拆迁公司、油漆涂料公司等经济实体。不仅自己一家三口人的生活有了保障，他还拿出一部分钱资助50多名贫困残疾人和残疾人子女，并在自己的店铺里安排3名残疾人就业。

汪功顺说："我是个残疾人，非常理解残疾人的难处。在我致富之后，尽可能帮助残疾人，让他们像我一样尽快过上好日子。"现在，汪功顺自筹700万元资金建设的五一百货商场已经开始兴建，他想通过自己的努力解决更多的残疾人及其子女的就业问题。"新建的五一百货商场建成后，可以解决一百余残疾人和残疾人子女就业。"汪功顺说。

2014年5月16日，第五次全国自强模范暨助残先进集体和个人表彰大会在北京人民大会堂举行。汪功顺以及河南省其余六位残疾人代表被人力资源和社会保障部、中国残疾人联合会授予"全国自强模范"。

载誉归来后，汪功顺表示：将把大会的盛况介绍给全县残疾人朋友，把习近平总书记的讲话精神内化于心，外化于形；带领、团结更多残疾人，更加勇敢地迎接生活挑战，更加坚强地为实现梦想努力。

第六章

激发原生动力

参与式扶贫：内生发展动力源

与传统的扶贫方式相比，参与式扶贫既强调政府和社会对贫困群体的帮助，又强调贫困群体的自强、自立和自我发展。可以说，参与式扶贫是通过动员和推动贫困群体以主人翁精神积极投身扶贫开发活动，积极主导自身的脱贫和发展事务，建立贫困社区真正的自我发展能力，最终实现脱贫目标的一种理念和方法。

参与式扶贫是把参与式的理念和方法与扶贫工作相结合。参与式要"帮助被帮助对象自己帮助自己"，要让扶贫对象参与到扶贫项目的设计、执行、评估和项目后续的设施维护中去。

在实施参与式整村推进的过程中，首先，扶贫系统重视贫困农户在项目中的决定作用。过去扶贫项目的选择、资金的使用安排、计划的制订、项目的实施、扶贫成果的认定等主要由政府部门决定。现在把扶贫工作和资金安排使用的决策权交给群众，做什么、怎么做、谁来做，由所有受益农户共同决定，这就极大地激发了贫困农户的主动性和积极性。

其次是引进和重视民主监督。过去扶贫项目申报、审批程序，基本上还是计划经济时代的一套做法。整个操作是在行政机构封闭状况下进行的。有没有项目以及有什么样的项目，农民没有多少发言权。参与式扶贫方法强调了扶贫资金和项目的公开透明和民主监督。

扶贫资金项目公告公示制

按照国务院扶贫开发领导小组《关于建立和推行扶贫资金项目的公告公示制的通知》的规定，所有的国家财政扶贫资金和扶贫贴息贷款，地方政府安排的财政扶贫资金，以及这些资金安排的项目都要公示。对于到村入户项目，要求事前公示，广泛征求意见，所有项目活动在实施地点进行公告。有的地方还对扶贫重点村和当年的资金计划和安排进行公示，一些地方

财政扶贫资金项目公示

财政扶贫资金项目公示
一、项目名称：青阳县2012年财政扶贫资金曹常路建设项目
二、项目批准部门及文号：省扶贫办 皖扶办字[2012]29号
三、项目监管部门：县扶贫办（联系电话5021311）
　　　　　　　　县财政局（5020522）
四、建设地点：杨田镇下东堡村
五、建设内容及规模：长1.7公里，宽3.5米，水泥路面
六、建设年限：2012年
七、项目总投资：55万元（财政扶贫资金30万元，配套自筹18万元）
八、项目效益：解决溪田组、长龙组、四方组、曹村组300余户
　　　　　　　1000余人的行路难问题。
九、项目实施单位及责任人：杨田镇下东堡村 徐立新
　　　　　　　　　　　　　　　　　　二〇一二年八月十八日

财政扶贫资金项目公示

成立了由村民和贫困户组成的规划监督小组，对扶贫项目的实施情况进行监督。

第三，推动农户全面参与。参与式扶贫强调通过宣传发动，鼓励农户在整村推进的关键环节进行广泛参与，包括村情调查、贫困评估、讨论发展思路和检查验收等。把权力赋予群众，通过引导群众全程参与，筛选发展项目，制定扶贫规划，组织项目实施。

参与式扶贫帮助建立了贫困农户的可持续发展能力。参与式扶贫更强调把村级扶贫规划和扶贫工程的设计、实施、管理和评价总结过程当成一个贫困农户学习和培训的过程，边干边学，提高能力。借助参与式扶贫过程中的每一个机会，推动农户自己处理自己社区的问题。在处理问题和实施管理扶贫工程时，自主决策，自我管理，从而提高决策能力和管理能力，实现从"授人以鱼"到"授人以渔"的本质转变。

参与式理念和方法虽然是从国外引进的，但是其宗旨和中国传统的"群众路线"在本质上是相同的。参与式扶贫是把参与式理念和方法用于中国扶贫事业而新生的概念，在很大程度上已经诞生出

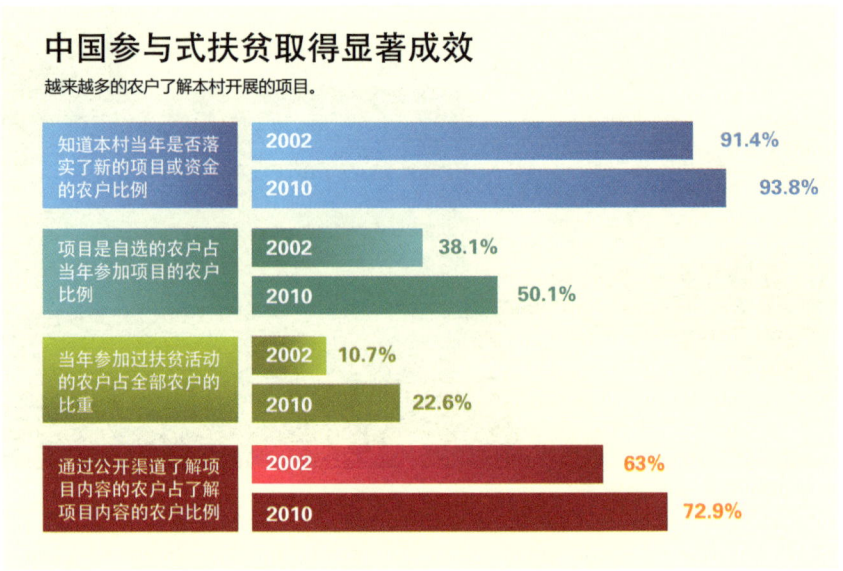

中国参与式扶贫取得显著成效

越来越多的农户了解本村开展的项目。

		2002	2010
知道本村当年是否落实了新的项目或资金的农户比例		91.4%	93.8%
项目是自选的农户占当年参加项目的农户比例		38.1%	50.1%
当年参加过扶贫活动的农户占全部农户的比重		10.7%	22.6%
通过公开渠道了解项目内容的农户占了解项目内容的农户比例		63%	72.9%

一个中国本土的概念。同时，参与式扶贫的发展也是一个不断探索、不断修正和不断完善的过程，是不断和中国现实相结合，不断和国家推行的政治体制改革潮流相互融合的过程，是中国扶贫体制的重大创新。

社区主导型发展（Community Drived Development，简称 CDD）是参与式扶贫的一种重要创新模式。社区主导型项目将项目决策权和资金控制权交给社区，建立公开透明的公示和投诉机制；在项目实施过程中，建立为社区提供支持的服务体系，探索通过实施过程提高社区的组织能力；最终实现更好地改善基础设施和服务，有效进行项目瞄准、公开及顺应需求的地方治理、项目参与社区内部的能力建设等项目收益。

社区主导型发展背景

2006 年 5 月 31 日，由国务院扶贫办外资项目管理中心和世界银行合作开展的社区主导型发展试点项目（CDD 项目）在广西南宁正式启动，标志着中国扶贫开发新机制的探索有了新进展。CDD 项目总投资约 4800 万人民币，用于广西、四川、陕西、内蒙古四省（区）的 60 个重点贫困村的扶贫开发工作，预计有 10 万人从中受益。中国实施 CDD 项目的 4 个试点县分别是：代表了中国丘陵地区贫困类型的南充市嘉陵区，代表了中国喀斯特地貌地区贫困类型的广西靖西县，代表了黄土高原地区贫困类型的陕西白水县，属于半牧半农地区贫困类型的内蒙古翁牛特旗。

四川省南充市嘉陵区作为中国第一批 CDD 项目试点地区之一，在 2010 年 10 月迎来了由马拉维共和国国土、住房和城市发展部副部长比利·卡乌达先生带领的马拉维政府考察团一行 8 人的实地考察。

在嘉陵区石楼乡罗家寺村党支部活动室的院坝里，村民们正在用贴满图片的展板反映 CDD 项目、扶贫互助资金项目带来的变化。

马拉维政府考察团一行 8 人到罗家寺村实地考察

135

据了解，自 2006 年 7 月该村纳入 CDD 项目试点村以来，各方共投入资金 148.58 万元，其中 CDD 项目资金 69.8 万元，修建了柏油路、农户连户石板路，栽种了桑树，修建了饮水井、沼气池，建立了 4 个自然村的社区发展基金；并通过扶贫互助资金项目，扶持该村 109 户入社社员发展土鸡养殖产业。

"这个项目让村民们在学中干、干中学，致富能力得到增强。"罗家寺村主任罗德中说。当得知本村外出务工技能人员主动回乡担任技术指导，以及通过实施扶贫互助资金项目，发展了该村土鸡养殖户 109 户，年产土鸡 4 万只以上，并带动周边两个乡镇 6 个村形成了土鸡养殖核心区时，比利·卡乌达先生对整合资源实施 CDD 项目的做法连连称赞："Good！Very good！（好！非常好！）"

曾几何时，国家实施的扶贫项目都是以政府为主，有的甚至直接由专业工程队完成，群众虽然享受到了扶贫成果，但也养成了等、靠、要的依赖思想。社区主导型项目以一种新的模式、新的机制，在项目启动和实施前后，还权于民，赋予群众自主决策权、自主管理权、自主监督权，让农民自己决定怎么使用项目资金，充分尊重农民群众参与扶贫的主体地位，极大地调动了农民群众的积极性，提高了农民自主脱贫的能力。

农业专业合作组织：产业化的桥梁

据国家工商总局《2014 年 2 月全国市场主体发展报告》数据显示，截至 2014 年 2 月底，全国实有农民专业合作社 103.88 万户，出资总额 2.04 万亿元。从所涉及的行业看，虽然发展时间不长，但农民专业合作社所从事的产业和行业广泛，包括种植业、养殖业、农机、林业、植保、技术信息、手工编织、"农家乐"以至沼气服务等农村各个产业，主要仍集中于种植业和养殖业。可见，在买方市场条件下将所生产的农产品顺利销售出去并实现加工增值，是农民成立专业合作社的主要动因。

农民专业合作社从事行业百分比

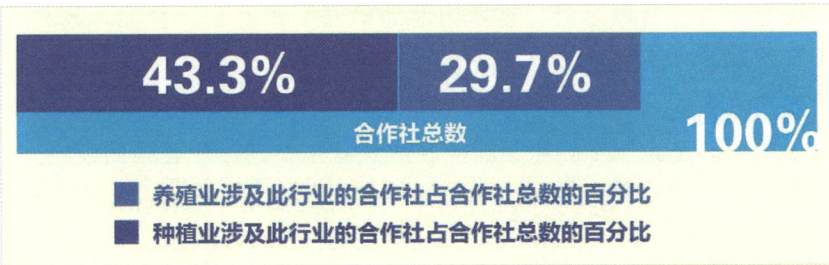

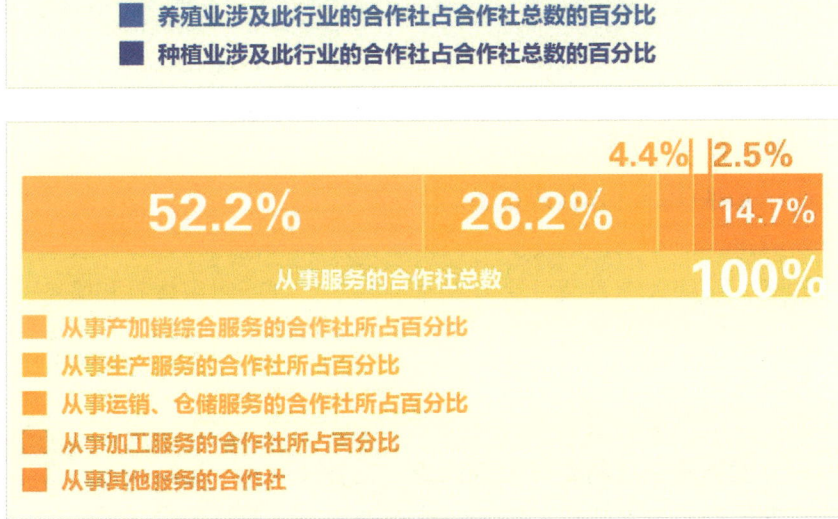

　　合作社发展的法律法规体系基本形成。近年来，《农民专业合作社法》《农民专业合作社登记管理条例》以及《示范章程》和《财务会计制度》相继颁布实施。地方立法进程也在逐步加快。

农民专业合作社 2014 年最新政策

　　中共中央、国务院印发《关于全面深化农村改革加快推进农业现代化的若干意见》（2014 年中央 1 号文件）。

　　扶持发展新型农业经营主体。 鼓励发展专业合作、股份合作等多种形式的农民合作社，引导规范运行，着力加强能力建设。允许财政项目资金直接投向符合条件的合作社，允许财政补助形成的资产转交合作社持有和管护，有关部门要建立规范透明的管理制度。推进财政支持农民合作社创新试点，引导发展农民专业合作社联合社。按照自愿原则开展家庭农场登记。鼓励发展混合所有制农业产业化龙头企业，推动集群发展，密切与农户、农民合作社的利益联结关系。在国家年度建设用地指标中单列一定比例专门用于新型农业经营主体建设配套辅助设施。鼓励地方政府和民间出资设立融资性担保公司，为新型农业经营主体提供贷款担保服务。加大对新型职业农民和新型农业经营主体领办人的教育培训力度。落实和完善相关税收优惠政策，支持农民合作社发展农产品加工流通。

加快供销合作社改革发展。发挥供销合作社扎根农村、联系农民、点多面广的优势，积极稳妥开展供销合作社综合改革试点。按照改造自我、服务农民的要求，创新组织体系和服务机制，努力把供销合作社打造成为农民生产生活服务的生力军和综合平台。支持供销合作社加强新农村现代流通网络和农产品批发市场建设。

发展新型农村合作金融组织。在管理民主、运行规范、带动力强的农民合作社和供销合作社基础上，培育发展农村合作金融，不断丰富农村地区金融机构类型。坚持社员制、封闭性原则，在不对外吸储放贷、不支付固定回报的前提下，推动社区性农村资金互助组织发展。完善地方农村金融管理体制，明确地方政府对新型农村合作金融监管职责，鼓励地方建立风险补偿基金，有效防范金融风险。适时制定农村合作金融发展管理办法。

合作社扶持政策体系初步建立。财政、税收、金融和涉农项目、产业支持等一系列扶持政策和措施相继出台。几乎所有省份的党委、政府专门制定了促进合作社发展的文件。特别是一些政府部门和省级政府对农民专业合作社发展给予了切实的支持，安排资金，用于支持合作社承担相关农业综合开发项目、开展农业生产条件（例如标准化种植园、标准化养殖小区）建设和农产品流通基础设施（例如果蔬储藏冷库、农产品运输车辆）建设，以改善合作社的生产经营条件，增强合作社的营销服务能力。

合作社人才队伍建设不断加强。合作社人才培养已正式纳入《国家中长期人才发展规划纲要(2010—2020年)》。农业部组织实施了"阳光工程合作社经营管理人才培训"和"现代农业人才支撑计划合作社负责人培训"，制定下发了合作社辅导员工作规程和合作社人才培养实训基地管理办法，指导各地整合培训资源，优化培训环境，丰富培训内容，创新培训方式，切实加大合作社人才培训工作力度。2006—2010年，各类合作社培训人才达100多万人次。

中国农村农民专业合作社的信用合作模式主要有以下几种：
①农民专业合作社内部"生产合作＋资金合作"模式
江苏盐城阜宁县古河生猪合作社是集古河畜禽交易市场、饲料销售门市和良种母猪繁育合作社三者为一体的综合性农民专业合作

阜宁县古河生猪专业合作社

社。其中，古河畜禽交易市场占地近 30 亩，负责优价包销会员和本镇生产的所有畜禽，每年为周边地区代销苗猪 15 万头以上，销售网络覆盖全国 15 个省（市、自治区）的 600 多个县市；饲料销售门市是吸纳股金 20 万元创办的，实行饲料厂价直销，降低会员和养殖户的饲料成本；良种母猪繁育合作社是 2004 年由 25 个会员入股 59 万元，以协会种猪场为基地创建的。为解决合作社成员购买种猪资金短缺问题，2007 年 7 月，古河生猪专业合作社探索开展社员内部资金互助合作，成立资金互助服务部，向 200 多个社员筹集互助金 140 万元。资金互助服务部按照"对内不对外、吸股不吸储、分红不分息、自愿有偿、互助服务"的原则，将合作社内部社员的分散、闲置资金以入股的形式集中起来，以低于同期本地农村合作银行的利率定向投放给需要资金的合作社社员用于生猪生产，资金仍不足的再由合作社提供贷款担保，农村金融机构向社员发放贷款。古河生猪专业合作社 2012 年实施的生猪交易市场项目，年交易量 20 万头生猪。项目实施后，合作社成员从原来的几十户覆盖到周边的多个乡（镇）和其他地区。合作社为成员发展阜宁县生态猪规模养殖提供种苗、防疫等方面的服务，帮助联系产品销售，不仅是一个好的生猪交易平台，也是养殖户的依靠平台、放心平台。

②农民专业合作社"生产合作＋担保合作"模式

湖北随州市三里岗镇是中国最大的香菇集散地，每年在该镇交易的香菇、木耳占到了全国总量的六成左右。随县裕国农业综合开发农民专业合作社成立于 2009 年 10 月，位于三里岗镇吉祥寺村，是由裕国菇业有限公司、吉祥寺村共同发起，下辖香菇栽

栽培的香菇

湖北随州市三里岗镇是中国最大的香菇集散地

培专业合作社、贷款互助担保专业合作社、物流运输公司、旅游服务公司的联合型合作社。合作社注册资金 415 万元，现有农民社员 2369 名。

　　为了解决社员在香菇生产、运销过程中的资金短缺问题，该合作社与中国农业银行合作，于 2009 年成立了农民贷款互助担保合作社。其主要做法是合作社中有资金需求的社员自愿组成多个联保小组（平均每个小组 10 人左右），农户入会时向合作社交纳 5000 元担保基金，农业银行按照农户交纳担保金 10 倍放大贷款比例，农户最高可以获得 5 万元贷款支持。担保合作社的主要经营收入为担保费和股金利息收入，农户在贷款时按照不超过贷款额度的 1% 向合作社缴纳担保费，担保合作社 40% 的经营收入存于补偿担保基金账户，用于偿还社员的逾期贷款；同时，担保合作社设立担保基金账户，成员入股的股金存入担保基金专户，主要用途是在补偿担保基金账户不足以偿还逾期贷款时垫付贷款；剩余 60% 的经营收入设立费用管理专户，用于担保合作社的管理费用。

　　③农民专业合作社嵌入农业产业链融资模式

　　安徽省潜山县位于大别山东南麓，属国家扶贫开发工作重点县。

山区面积较大，地形地貌复杂，自然条件恶劣，基础薄弱，农民收入增长缓慢，贫困人口数量较大。山区多是以保持生态效益为主的公益林，经济效益较低。农民主要以种植水稻为主，其他经济作物如茶叶、蚕桑、板栗、瓜蒌等规模小，产业化水平低，市场影响因素大，缺乏促进群众收入稳定增长的主导产品。

同时，濒临长江的潜山县彭河，属亚热带湿润季风气候。这里平均海拔900米，年平均气温16.3度，空气相对湿度85%以上，故山高雾绕，风光秀丽。其光照、温度、湿度、土壤均适宜茶叶生长。所产名茶，更是自唐代以来一直被列为贡茶。但是由于地处深山，这里的茶产业采用传统粗放经营模式，主要通过分布在各地的同乡和批发商销售。产品也主要依靠散装形式销售，茶企普遍缺乏品牌意识。"茶树叶子能包盐，茶树杆子能撑船"说的就是当年的茶叶质量。在当地，茶叶大部分是老百姓饭后用来说天聊地的饮料。

江成生，安徽省劳模，全国农村青年致富带头人标兵，彭河茶叶专业合作社的牵头人。他清楚地记得，第一次与茶农的订单源于"看见锄头挖茶树，心在痛"。2004年的一个秋日午后，江成生正准备到自家茶地干活，看见一位老大爷用锄头挖茶树，江成生便问他："干吗要砍茶树呢？种着不挺好的吗？""又不能当饭吃，还不如挖掉种点小麦实惠！"看着好好的茶树要无端受灭门之灾，江成生很是心疼。"你把茶树留着，等茶叶长出来了我来收购。""你空口讲话以后不算数咋办？""那我们签合同。"也就是这场偶然，让江成生和他的同行慢慢走上了一种新的模式。

2008年，由潜山县彭河幸福茶场牵头，联合塔畈乡炳峰、观音洞、广西园等18家初制茶场、茶叶经纪人和1058户茶农自愿组成了茶叶专业合作经济组织。以加强诚信建设为重点，实行风险共担，利益共享，推行"专业合作社＋龙头企业＋专业大户"三位一体的茶叶产业化经营模式，采用订单农业方式，与广大茶农签订合同，公司对茶农进行二次返利，极大提高了农户发展茶叶的积极性。目前，加入该合作社的户数已达1200户，合作社茶农人均茶叶纯收入达到4000元，合作社也已申报省级龙头企业。

潜山县彭河幸福茶场

茶曲悠悠唱发展。为引导茶叶发展，潜山县政府每年安排茶业发展专项资金120万，其中60万用于扶持茶叶基地建设、30万用于培育发展龙头企业、10万元用于茶叶技术培训和指导，对当年成片新发展茶园每亩以奖代补。奖补点燃了茶农的激情。截至2012年，潜山县茶园面积增加到10.06万亩，无性系茶园面积增加到3.08万亩，全县130余家茶场通过更新改造，加工水平明显提高。取得QS认证的茶叶公司、茶厂22家，通过统一标准收购，统一工艺加工，名优茶质量稳中有升。

当农民专业化生产达到一定规模时，就产生出与农产品相关的龙头企业，为农民提供"保姆式"的产前、产中、产后服务，带着农民走向市场，并为农民承担一定风险。发展现代农业离不开资金、技术、人才、信息等要素的支持，龙头企业的实力强劲，能够充分满足农业与市场对接的条件。在市场经济条件下，一家一户很难与市场对接，也很难抵御市场风险。农业产业化相对于传统农业最大的改革和创新就是组织形式的变革，必须以适当的形式组织农民从事适度规模的农业生产。农业合作组织的形成，为农户实现规模化经营提供了平台，也为农户和市场衔接建立了桥梁。

贫困村互助资金：贫困村的脱贫锦囊

2006 年以来，为有效缓解贫困农户发展所需资金短缺问题，探索完善财政扶贫资金使用管理的新机制、新模式，以及提高贫困村、贫困户自我发展、持续发展的能力，中国国务院扶贫办和财政部开展了贫困村互助资金试点工作。

村级互助组织与村级互助资金

互助组织名称统一为"××村扶贫互助社"。互助社在行政村一级建立，全村贫困农户入社率超过 50%，且入社农户总数达到 50 户以上方能组建互助社；通过民主选举产生互助社管理机构和人员，并在当地民政部门登记注册。农户加入互助组织自愿，退出互助组织自由；加入互助组织需缴纳互助金；加入互助组织以户为单位，每户一人加入；实行一人一票表决制；互助资金在互助组织内封闭运行，有借有还、周转使用、滚动发展、不得私分、利益共享、风险共担；坚持贫困户优先扶持原则；互助组织不得吸储和从事其他未经许可的金融和经营活动。

互助资金试点的基本原则是：试点严格限制在贫困村，贫困户入社可免交或少交互助金，并享有与其他入社农户同等权利，优先获得资金和技术支持；规范运作和管理，互助社建在行政村，互助资金"不出（跨）村、不吸储"；积极稳妥推进试点，在能力可及、风险可控的基础上，科学合理确定试点规模；对工作积极性高、实施有力、基础扎实、运作规范的省、县，给予重点支持，不搞平均分配。

截至 2011 年底，全国 1141 个县 1.63 万个村开展了贫困村互助资金试点，资金总规模达到 33.06 亿元。

总体目标	基本原则	关键环节	能力建设
1.创新扶贫模式,有效缓解贫困村、贫困户生产发展资金短缺问题	1.不出(跨)村、行政村内封闭运行	**1.竞争选村** 激发贫困村参与互助资金的积极性和主动性 **2.宣传发动** 发挥贫困村村民主体作用 **3.组建互助社** 成立互助社管理机构,民主选举管理人员,制定互助社章程,登记注册	互助社管理人员培训
2.建立扶贫资金与农民自主经营相结合的有效方式,引导发展支柱产业,培育农民新型合作社和新型农民	2.不吸储、不分红、不从事其他未经许可的金融和经营活动	**4.资金运作** 无抵押信用借款,按照"互助联保、小额短期、整借零还、有偿使用、滚动发展"的原则使用互助资金	
3.提高贫困农户自我管理、自我组织和自我发展能力,实现可持续发展	3.贫困户入社可免交或少交互助金	**5.风险控制** (1)内部监督。成立监事会,提取风险准备金,建立互助资金退出机制 (2)外部监督。建立报表制,实地检查,使用互助资金管理软件	互助社社员培训

贫困村互助资金试点工作框架

金融"缺血"是困扰贫困地区发展的一个因素。重庆提出创新财政扶贫资金使用方式,鼓励贫困农民组建扶贫资金互助社的对策。在这一"草根金融"机构支持下,重庆每年有2亿多元互助资金在贫困村内滚动,满足贫困农民小额个性化金融需求。

地处武陵山区的重庆彭水县坨元村,在扶贫资金帮扶下,贫困农民自发组建扶贫资金互助社,每户农民入股250元,最高能获得5000元资金支持。

坨元村农民庹江红的丈夫在北京打工,她自己在家照顾老人、小孩,家里收入很低。2011年,庹江红有了搞香菇种植的想法,但买钢筋、水泥、木料搭建香菇大棚的钱还差4000多元。面对资金难题,庹江红试图向银行贷款。

"我曾经为了'跑贷款',专门跑10多公里山路到银行咨询,但银行称要贷款,需要房屋产权证、家庭收入证明等七八种材料,程序多、成本还高。"庹江红快人快语,并不讳言自己遭遇的"贷款难"。

正当庹江红为钱发愁时,村里扶贫资金互助社为她提供了帮助。凭互助社股东身份,庹江红顺利借到5000元。现在庹江红8个香菇大棚已顺利建起来,每年香菇销售收入有2万多元。

"县里在坨元村投入财政扶贫资金15万元,加上农户自愿入股的2.8万元,合资成立了村级扶贫资金互助社。"坨元村党支部书记廖安学说,别小看这笔钱,对山里农民来说是重要的创业资本金。不少贫困农民靠互助资金,有的发展起种养殖,有的开起了小商店,有了收入来源。

在重庆,如今已有1100多个行政村设立了扶贫资金互助组织。这一"草根金融"机构是要将政府扶贫资金和村民入会股份捆绑,向农户提供借款服务,用于发展农业生产,弥补目前农村金融机构和金融产品的不足。

"'贷小不贷大,贷穷不贷富,贷农不贷企'是小额互助扶贫信贷的基本原则。"重庆开县民丰互助合作会会长钱峰介绍说,扶贫资金互助组织的出现,一定程度上弥补了目前农村金融机构和金融产品的不足,是扶贫机制创新的一次重要尝试。

为健全扶贫资金互助组织发展机制,近年重庆不少区县完善组织管理建设,提出"自愿、民有、民管、民借、民用、民还,周转使用,滚动发展"的发展基调;根据不同情况协商确定村民借款的最高额度,一般最高借款额在5000元以内,期限三至六个月,最多不超过一年;明确互助资金只允许借用,并只能用于发展生产;利息收入,除必要的运行费用开支、公益事业建设外,须转为互助资金本金,进一步扩大资金规模。

互助资金管理也比较严格:资金只允许在村、组内部借用,不得平分给村民;不得用于抵扣往来款项;不得用于公益设施或非生产经营性支出;由村民选举产生的管理小组负责管理互助资金,形成民主化管理机制；借款按"户主申请、抵押或担保人签名、管理小组审查批准、公示、签订合同、放款"的程序予以办理。

"别看咱资金互助社规模不大，但规矩不少，互助社章程、单位银行结算账户、股东花名册、扶贫资金操作规程等一样不缺。"廖安学说，"是农民的钱，就要全花在农民身上。互助资金都在村里滚动，既要保证借款安全，也要能随时随地解决农民资金需求。"

小额信贷：贫困户发展的福音

小额信贷本质上是一种信贷方式，但因它在一些地区比较成功地解决了正规金融机构长期以来没有解决的为贫困户提供有效的信贷服务和同时实现信贷机构自身的持续发展的问题，而被众多发展援助机构和发展中国家的政府视为一种有效的扶贫方式。中国的小额信贷最初是在 20 世纪 80 年代由联合国援助机构引进的，用于妇女发展、促进就业和扶贫等事业。

中国小额信贷

中国小额信贷发展初期是以项目形式或专门做小额信贷的组织形式运作，资金来源于国际或国内捐赠资金或软贷款，国际资金多于国内资金，主要由民间组织运作。贷款多被用于改善妇女地位和扩大就业机会，改善医疗和生育卫生条件，实现金融包容。2000 年至今，用于小额信贷的国内资金开始增加，贷款对象拓展为低收入人群，包括非贫农户也可成为贷款对象，其目的除了脱贫，还有农户的生计改善、生活质量的提升，以及农村社区的改善，同样实现金融包容，对社会公平的贡献大。

1993 年从孟加拉引进小额信贷这种金融扶贫模式后，小额信贷已经成为中国农村正规金融的重要补充，为解决贫困群体的金融需求做出了重要贡献。小额信贷的作用主要体现在以下三个方面：

第一，小额信贷帮助贫困农户获得信贷资金、技术培训的机会。小额信贷在减少贫困户的自然和市场风险方面产生积极的作用。通过为用户提供资金和技术支持，增加贫困户收入来源的多样性，在一定程度上改变穷人以粮食生产为主的生产结构和收入形成结构。有些小额信贷项目采取当用户遭遇突发灾害时提供贷款以减轻风险影响的做法，也在一定程度上缓解了贫困户在遭到天灾人祸时告贷无门的窘境。小额信贷被国际社会广泛认同为对妇女授权的一种重要方式。中国小额信贷在设计和实施过程中将瞄准贫困妇女作为一项重要原则，多数小额信贷项目都明确提出了妇女优先的政策。小额信贷在增加妇女就业机会和与家庭外面的世界接触机会方面起到了积极作用。

第二，小额信贷推动了金融扶贫政策的改进。

第三，小额信贷促进了农村合作组织发育和成长。迄今为止，中国中西部地区的许多省区都在贫困地区建立了支持小额信贷运行的基层组织，如扶贫社、服务社、乡村发展协会等，这些基层组织都直接服务于贫困户，还有贫困户参与管理。通过小额信贷所发育的这些组织在支持小额信贷金融服务和技术服务的同时，还可能在增强穷人之间的合作和凝聚力、制定和实施社区发展计划方面产生重要影响。

以信用体系建设为载体的小额贷款金融扶贫的"郁南模式"

位于粤西的郁南县是广东省云浮市下辖的一个山区农业县，也是开展"双到"（规划到户、责任到人）扶贫的重点县之一。和其他农村地区一样，"贷款难"是郁南县农民发展生产面临的普遍问题。

为解决农民贷款难问题，郁南县从2009年6月开始，探索建立以"信用村"为代表的"郁南模式"农村信用体系。建设"信用村"，就是把过去农村信用社信贷员一对一了解各家各户信用状况的传统做法，改革成县信用联社对某个行政村整体授信（即向"信用村"授信）

的办法。

行政村如何成为"信用村"？条件和做法是：在各村成立由乡镇领导牵头，金融机构负责人参加，以村干部、中共党员代表、村民代表为主体组成的农户信用等级评议组，对村内所有自愿申请信用贷款的农户进行信用等级评定。评议组成员根据由村民大会通过的评议办法给申请户打分并张榜公布，接受群众监督；根据得分高低，分出"优秀信用户""一般信用户"和"非信用户"，由村委会统一向金融机构报备；金融机构根据事先约定，以村为单位，向不同等级的"信用户"授信。对于没有评上"信用户"的农户，可以采取 3 户以上联保申请授信。郁南县各村评议的结果是，85% 以上的农户都能够评上信用户。在评议信用户、信用村、信用镇的基础上，郁南县政府与人民银行密切合作，统筹县属相关部门，以成立"县征信中心"为载体，构建了覆盖全县的信用体系。

如今，在郁南县有一句响亮的口号："有信用就有钱。"也就是说，农民只要讲诚信，有正当的农业生产经营项目，就可以从信用社那里轻松获得 1 万—5 万元无抵押、无担保的信用贷款。

除政府系统外，民间组织在小额信贷中扮演了重要角色。中国小额信贷联盟 2010 年年报统计数据显示，44 家非政府组织小额信贷机构和农村资金互助社（会员）总的贷款客户数为 75575 人，平均每家贷款客户数约为 1717 人。

2008 年，中和农信项目管理有限公司成立，标志着中国扶贫基金会正式将小额信贷从一个公益项目完全转型为一个专业化、公司化的运作机构。中国扶贫基金会组成的董事会只监管公司运营方向，公司具体运营如人事、财务、业务等都完全独立运作，并自负盈亏。中和农信始终将社会价值作为企业的最高目标，是一家公益性小额信贷机构，也是一家社会企业。中和农信以小额信贷为主要产品，服务对象主要是国家级、省级贫困县的低收入农户，以及受灾地区的农户。中和农信已在什邡、舟曲等 4 个灾区设立分支机构，通过向受灾农户发放小额贷款，支持灾后重建和产业恢复。

中和农信的服务群体是传统金融机构的非优质客户，没有抵押，风险大。针对这样的客户特征，小额信贷产品设计理念是不看客户现在的资产情况，而是相信客户未来的还款能力与还款意愿；因此突破了传统金融机构的思维模式，开发了适合农村社会的小组贷款模式（无抵押，五户连保）和个人贷款模式（无抵押，一人担保）。

王彦芳一家是中和农信小额信贷产品的受益者。50多岁的王彦芳，是山西省左权县拐儿镇寺坪村一个具有高中文化水平的农村妇女，1984年和本村石庆生结婚，生了三女一男四个孩子，全家六口人。婚后抚养孩子、料理家务、耕种农田成了她生活的全部。在她的严格教育下，四个儿女先后考上大学，家里只剩下老两口。现如今她专心经营着土地和核桃树。

婚后分家时，王彦芳一家分得三亩薄田和六株传统老化的核桃树，多年以耕田和卖核桃为生。渐渐地，本不富裕的家庭日益拮据，有时甚至连孩子的学杂费都凑不齐。为了培养下一代，她鼓励丈夫外出打工挣钱，自己担起了家庭生活的全部重任。除了在家忙里忙外，她还挤时在邻村周边工程上打些零工，日子就这么苦熬着。

2005年，核桃价格上涨，让过去重视核桃树栽培和管理的人家一年就成了"万元户"。她看在眼里，急在心上，谋划着让自家的日子富裕起来。在"人家能行我也行"的思路支配下，2007年8月王彦芳申请小额贷款3000元，买下了本村他人遗弃、接近枯死的核桃树14株。经过一年精心栽培，2008年秋就收入2600元。这一次的尝试让她尝到了甜头，也彻底放开了思想观念，接着3次累计贷款2万元投入到核桃树种植中。目前，她已有本地传统的挂果核桃树20株、矮化挂果核桃树170株、矮化未挂果核桃树350株，总价值20万元。仅此一项，年纯收入在1万元以上。她说："再过3—5年，核桃树种植面积争取达到50亩，挂果核桃树年收入就能有5万元。如果核桃树全部挂果，到了盛产期，收入就非常可观了，那时我们全家就能过上衣食无忧的生活了。"

通过几年的发展，王彦芳家新修了房屋11间，改装了门楼，置下了彩电、冰箱、摩托、电话、电脑等，家庭总资产达15万元，成了村里的"上等户"。谈到下一步计划时，她说："我有了致富的

小额信贷项目户发展生产

想法却没有钱，是小额信贷的帮助使我发展了项目……等还清这笔借款后，继续使用小额贷款，扩大项目。"她还希望能带动更多的人加入小额信贷，使每个家庭都富起来，共同享受幸福生活。

　　小额信贷扶贫已经成为中国创新农村金融服务方式、加快农村发展、推进新阶段扶贫开发进程的一项重要举措。小额信贷扶贫，不仅有效解决了农户贷款难题，而且通过提供技术、培训、信息等多种配套措施，促进了受益农户自我发展能力的不断提高。扶贫开发工作不仅要支持贫困人口改善生产条件，巩固温饱成果，更重要的是要支持他们发展产业，增加收入。而产业发展离不开资金的投入与支持。在贫困地区仍然是中国金融服务薄弱点的大背景下，小额信贷通过有效的运行机制，已成为为贫困人口提供贷款支持的重要金融服务方式，也是中国扶贫工作的一个亮点。

精准扶贫：帮扶穷人更高效

精准扶贫工作机制是新时期中国扶贫开发机制的重大创新，即通过精确瞄准贫困人口，切实实现直接针对贫困人口的扶贫开发。国家制定统一的扶贫对象识别办法。各省（自治区、直辖市）在已有工作基础上，坚持扶贫开发和农村最低生活保障制度有效衔接，按照县为单位、规模控制、分级负责、精准识别、动态管理的原则，对每个贫困村、贫困户建档立卡，建设全国扶贫信息网络系统。专项扶贫措施要与贫困识别结果相衔接，深入分析致贫原因，逐村逐户制定帮扶措施，集中力量予以扶持，切实做到扶真贫、真扶贫，确保在规定时间内达到稳定脱贫目标。

精准扶贫工作体系

精准扶贫在于通过对贫困户和贫困村精准识别、精准帮扶、精准管理和精准考核，引导各类扶贫资源优化配置，实现扶贫到村到户，逐步构建精准扶贫工作长效机制，为科学扶贫奠定坚实基础。

精准识别是指通过申请评议、公示公告、抽检核查、信息录入等步骤，将贫困户和贫困村有效识别出来，并建档立卡。

精准帮扶是指对识别出来的贫困户和贫困村深入分析致贫原因，落实帮扶责任人，逐村逐户制定帮扶计划，集中力量予以扶持。

精准管理是指对扶贫对象进行全方位、全过程的监测，建立全国扶贫信息网络系统，实时反映帮扶情况，实现扶贫对象的有进有出、动态管理，为扶贫开发工作提供决策支持。

精准考核是指对贫困户和贫困村识别、帮扶、管理的成效，以及对贫困县开展扶贫工作情况的量化考核，奖优罚劣，保证各项扶贫政策落到实处。

四川利州区是革命老区、盆周山区、秦巴山片区集中连片特困地区。2013 年，该区全面小康实现程度 86%，但仍有贫困人口20520 人，贫困发生率为 12.4%。贫困问题已成为全面建成小康社会的瓶颈和短板。

如何精准发力，打通扶贫攻坚"最后一公里"？

精准扶贫首先是精确识别解决"扶持谁"的问题。"我们按照'精准识别、个性帮扶、干部包带、特惠支持、动态管理'的思路，确保全区贫困人口收入年均增长达到 30% 左右，到 2016 年达到 6000 元，基本消除绝对贫困现象。"利州区委书记赵文峤这样告诉记者。

而确定真正的贫困户，是关键的第一步。

宝轮镇宋家村通过 9 次小组会议、3 次村民代表大会，反复讨论、比较、酝酿，公示无异议后，共筛选出 45 户建卡贫困户。像这样由村民自己当"裁判员"确定贫困户，正是该区精准识别贫困户的一个缩影。

2014 年 2 月，利州区严格筛选建卡贫困户。截至 2014 年 8 月，全区按照"组内初评、村内公示、乡镇审核、区上备案"程序，共识别出建卡贫困户 5838 户。

干部包带解决"谁去扶"的问题。

"有了帮扶支撑，我的日子一天比一天好！"宝轮镇苏家村建卡贫困户苏连富乐呵呵地告诉记者，在"包带"干部的帮扶下，他家已养了 200 只土鸡，仅此一项，今年收入就能过万元。说起脱贫，苏连富对 3 年后实现 1.5 万元以上的收入信心满满。

"这种信心源于实实在在看得见的脱贫致富成效。"区委常委、总工会主席殷扶炯说，"利州区以'三千干部包万户、带领群众奔小康'活动为载体，落实精准扶贫机制。活动坚持

宝轮镇苏家村建卡贫困户苏连富养殖的土鸡

一包三年、梯次推进，对象不脱贫，责任不脱钩。干部们每周都要下基层帮贫困户协调解决发展产业等方面的现实问题。"

在包带干部帮扶下，龙潭乡春风村贫困户杨永坤已养鸡60只，发展露地辣椒1亩多，栽种核桃树120株；工农镇贫困户邵银莲在家门口开起了一家百货店，从农民变成了商人……

"每月卖菜和维修摩托车的毛收入，加起来有800元左右。"说起现在务农、经商两不误的生活，利州区龙潭乡曙光村一组建卡贫困户张子奎满脸笑容。

张子奎家的经济来源除开3亩地，全靠他在城里打工，生活十分困难。2014年5月，"包带"干部针对他的特长技能和家庭状况，帮他搞起了蔬菜种植、开起了摩托车乡村维修店。预计2016年，他家人均纯收入将达到8600元以上，摘掉贫困户"帽子"指日可待。

利州区通过精准帮扶规划、精准帮扶内容等，实施"一户一策"的个性化扶贫，变"输血"为"造血"。与此同时，该区还采取了一系列措施，多方撬动扶贫资金：拿出当年本级财政资金600万元，作为特惠产业扶持资金；每年安排50万元专项资金对贫困户发展产业贷款实行全额贴息；将涉农专项资金的30%，本级财政支农资金增长部分的30%，直接投向贫困村、贫困户……

社会参与：村企共赢发展

社会参与主要是鼓励引导各级定点扶贫单位、参加扶贫协作的东部省市、军队和武警部队及民主党派、工商联、无党派人士、各类企业、社会组织、个人等社会扶贫参与主体，到贫困地区开展形式多样的扶贫帮扶活动；努力做到帮扶重心下移到贫困村，帮扶对象明确到贫困户，帮扶措施到位有效。中国国务院扶贫办正在搭建社会扶贫信息服务平台互联共享，鼓励各地也要根据实际，搭建社会扶贫信息服务平台。

在政府的引导、动员和组织下，广大民营企业纷纷参与扶贫工作，

府谷县新农村

并投入大量资金，支持贫困地区改善基础设施条件，发展现代农业。陕西省掀起了民营企业参与扶贫开发工作热潮，形成了引起社会广泛关注的"府谷现象"。国务院扶贫办为此专门在榆林市府谷县召开研讨会，并组织研究总结民营企业扶贫的工作经验。组织和动员民营企业开展扶贫，为更广泛地组织动员社会力量参与扶贫开发探索了一条新路子，积累了许多新经验。

陕西是全国贫困发生率较高的省份之一，全省农村贫困面大、贫困人口多、贫困程度深的问题仍然比较突出。按照国家新的扶贫标准，陕西省贫困人口有775万，扶贫开发重点县数量达50个。

2010年年初，省委、省政府决定开展千企千村扶助行动，动员组织全省规模以上企业，结对帮扶3000—5000个贫困村，通过带信息、带项目、带市场、带技术等多种途径，帮助低收入村增强发展能力、开发优势资源、培育主导产业、拓展致富门路，三年内使帮扶村农民人均纯收入在自然增长基础上再多增收1000元，并安排2620家企业对口结对帮扶3000个最低收入村。

陕西省千企千村扶助行动

千企千村扶助行动按照以工促农、以城带乡的方针，组织动员国有、民营企业结对帮扶低收入村；通过企业帮扶，帮助贫困地区增强自我积累和发展能力，增加贫困群众收入，进而实现低收入村脱贫致富。

村庄和企业入选扶助行动都有严格的标准。一是帮扶对象为低收入村。按照 2010 年全省行政村农民人均纯收入从低到高排队，剔除缺少劳动力的"空壳村"，当年安排收入最低的 3000 个村作为扶助对象。二是参扶企业为全省规模以上工业企业和其他行业企业，参照经营规模、资产和盈利状况等，剔除经营亏损和微利企业，首次动员组织 2620 个国有、民营企业作为参扶企业。同时，按照政府倡导、企业自愿的原则，鼓励在陕中外合资企业、外商独资企业、港澳台企业等参与结对帮扶。

村庄和企业结对方法兼顾三方面原则。一是兼顾企业自身实际进行合理结对，县级企业就近安排，市级企业全市范围统筹安排，中省企业（中央企业、省属企业、中央与省属控股企业）在全省范围统筹安排。二是原则上年营业收入 1 亿—10 亿元的企业帮扶 2 个村，10 亿—50 亿元的企业帮扶 5 个村，50 亿元以上的特大型企业帮扶 5—10 个村。

企业帮扶主要方式有：

一是发展主导产业。企业通过资金、技术、管理等生产要素投入，结合"一村一品、一乡一业"项目，发展特色优势产业；发展绿色经济，推动旅游生态村、历史文化村、商贸特色村建设，培育现代农村服务业，增加经营性收入。

二是开展村企合作。发挥市场机制作用，推广公司＋合作社＋基地＋农户的模式，鼓励农民通过依法流转土地使用权、林权入股分红等方式参与项目开发，实现村企合作、互利双赢。

三是促进农民就业。拓宽就业渠道，组织劳务输出，吸纳劳动力到企业就业，增加农民工资性收入；扶持发展手工业、家庭服务业等，帮助农民创业。

四是提供金融支持。按照市场运作方式，通过发放短期经营性借款、开展小额信贷、建立村级扶贫互助资金等方式，提供生产援助资金、信贷担保、贷款贴息。

吴堡县寇家塬镇尚家塬村、郭家沟镇冯家焉村是陕西省电力公司千企千村帮扶项目的定点村庄。

2011 年，陕西省电力公司与吴堡县各村镇干部多方调研，结合尚家塬村山高沟深、适合养殖业发展的特点，出资 10 万元兴建养鸡场，由当地村民自己经营，生产"土鸡蛋""土鸡肉"等纯天然绿色食品；在较为适合红枣生长的冯家焉村出资 8.5 万元开展红枣智能化烤炉项目，利用当地资源，实现红枣的自产自销。

陕西电力公司参与千企千村扶助行动，一次安排连续三年。2010 年，摸底调研，确定项目；2011 年初步实施；2012 年扩大改良面积，达到村民收入稳步提高。随着吴堡煤炭和盐化工的大开发，养殖项目和红枣项目必将为吴堡人民致富奔小康、建设社会主义新农村增加新的可持续发展的经济收入。

陕西省千企千村扶助行动工作的创新做法也得到国务院扶贫办的充分肯定，在全国企业参与扶贫开发现场经验交流会和全国社会扶贫工作会议上做了经验交流。千企千村扶助行动被《陕西日报》遴选为"2010 陕西经济发展十大突出亮点"之一。

第七章

抗击城市贫困

城市贫困：一个重要的社会问题

20 世纪 90 年代以前，中国的贫困问题一直被看作农村现象。城市居民收入差距迅速扩大，失业和下岗等突发性事件大量增加，加上社会保障制度改革滞后，中国城市贫困问题日趋显现。

城市贫困人口数量增加。 不同于农村贫困人口持续下降的变动趋势，城市贫困问题日益严重。中国社科院 2011 年发布《中国城市发展报告》。报告指出，中国城市贫困人口约有 5000 万人，而且这个数字不断上升。中国目前城市合理的贫困线在人均年收入 7500—8500 元之间。

2000 年以来，中国对贫困问题的关注开始更多地转向城市，众多数据和现象显示出中国的城市贫困问题正处于日益严重的阶段。截至 2013 年底，全国共有城市低保对象 1097.2 万户 2064.2 万人。

目前，世界上发达国家的社会救助制度覆盖率都在 10% 以上，而发展中国家（如印度）的城市贫困救助率为 6%。根据中国的实际情况，中国城市贫困救助的覆盖面应该在 6%—8% 左右。根据这个救助率，中国城市贫困居民的规模约为 3600 万—4800 万人。

城市绝对贫困与相对贫困并存。 绝对贫困通常指最低基本生活没有得到保证，温饱问题尚未解决的生存性贫困。相对贫困是指温饱问题虽已得到基本解决，但生活水平仍低于社会公认的基本生活水平。

棚户区居民旧房

城市贫困不仅指贫困者的全部收入难以维持基本生存的需求，而且还包括经济、社会、文化乃至肉体和精神需求等各个方面的匮乏。从表面看，贫困是由于收入低而难以满足最低的生活水平，缺乏物质和服务，从而不具备与他人相同的权利去选择健康、长寿、自由和体面的生活，受到社会排斥，但深层原因是缺乏手段、能力以及机会。在城市生活与农村不同，每月都要有各项生活费用的支出，比如柴、米、面以及蔬菜等费用，每月的支出至少也要几百块钱。如今物价上涨，城市贫困人口更是面临着巨大的生活压力。

城市贫困具有多层次成因。从宏观层次上看，改革开放以来，经济体制改革是城市贫困人口产生的重要成因之一。1993 年的十四届三中全会正式通过了《中共中央关于建立社会主义市场经济体制若干问题的决定》。由计划经济体制到市场经济体制的变化意味着把国有企业推向竞争，把生产和市场对接。但是对于企业和职工来说，从传统的国家荫护到完全的市场竞争，必然会有一个阵痛的转变过程，那就是企业的破产、兼并，职工的下岗、分流。而 20 世纪 90 年代以前中国实行的是对企业高补贴的政策保护，对职工统包统配的就业安排，以及对城市居民高福利的社会补助。在 90 年代后期，遍及中国城镇的突发性、大规模的"下岗洪水"和"失业洪水"被认为是中国社会面临的最大挑战。因此伴随体制的转轨和社会环境的变化，城市下岗职工构成了城市贫困的"主力军"。

20 世纪末，由于体制变迁后的制度本身还不完善，很多下岗职工得不到足够的保障和重新获得就业的机会。医疗保险制度因为设计不合理及缺乏相配套的医疗体制改革和药品流通体制改革，使很多老百姓"看病难，住院难，买药难"，因病致贫、因病返贫的现象也相当普遍。物价的不断上涨、社会保障措施的不力、房价的频频攀升、就业形势的严峻、贫富差距的不断扩大使越来越多的城市人口陷入相对贫困之中。

从微观层次上看，家庭人口越多，就业者负担的人数就越多，贫困发生率也就越高；家庭成员的文化素质、专业技能等也是导致贫困的原因之一。城市居民家庭成员的健康状况及其家庭文化也与其生活状况密切相关。

在社会结构调整、经济体制转轨和市场经济发展过程中，中国城市贫困人口构成也在不断变化，除传统的"三无"（无劳动能力、无收入来源、无法定义务赡养人或抚养人）人员，还包括下岗职工、农民工、失地农民、低收入退休人员等群体，城市贫困问题开始得到重视。中国城市贫困人口的区域分布特点和农村贫困的区域分布基本保持一致，大部分集中在中西部地区，其城市特征主要为面临资源枯竭的资源型城市、交通格局改变后地位下降的交通枢纽城市、产业老化的城市、东北部的老工业基地和产业结构明显单一且对资源有着严重依赖的城市等。

正在贫困化的城市

发展中国家大量农民离开乡村涌向城市，使城市人满为患。城市不再是一个优越社会阶层的聚居地，不仅仅是财富之渊薮，更是济贫、扶贫、脱贫的中心。

穷人，当然也可以称为贫民或低收入者、低保户，散落在北京麦子店街道那些国际社区的围墙之间。其实这个 6.8 平方公里的区域，在偌大的北京城颇有些声望。它位于东三环、东四环之间的黄金地带。与南面的中央商务区相比，麦子店地区因为拥有第三使馆区、燕莎商圈而更显洋气。不过，这儿仍然有"在社会经济迅速发展背景下尚不能共享社会发展成果的困难群体"。对于这个群体，街道办事处与企业已经进行了为期 3 年的扶贫工程。

麦子店的一户贫困户在接受媒体采访时说了这样一句话："我们从中能感受到政府的用心，感受到来自社会单位的关爱，这对于我们应该是动力，而不该成为压力。"当然压力也来自于贫困本身。建立体面而令人振奋的帮扶制度，乃是城市扶贫的应有之意。

从骆鹏家的窗户看出去，就是一大片富丽堂皇的高层板楼。一楼有各种异国风情的高档餐厅，一辆辆来往驶过的奔驰、宝马显示着主人的富有。相比之下，骆家 3 口人 46 平方米的房子就有些寒酸。

这幢 1994 年完工的建筑早已失去了光彩，总像隐藏在对面高档住宅的阴影里。那些高档住宅的价格已高达每平方米四五万元。骆鹏家本来并不穷。1998 年的时候，父母甚至花 1 万多元给他买了一台电脑。如果不是这场持续了 10 年的疾病，他们家也许早在附近购买了一套住宅，虽然不那么高档，但肯定足够他娶妻生子。

31 岁的小伙子一直记得那个场景：那天他在学校的操场上刚踢了一会儿球，就感觉到全身燥热，然后身不由己地坐在了地上，再也没能起来。医院的诊断是脊髓神经根炎，导致下肢瘫痪。骆鹏在医院呆了 14 个月才回到了家里。疾病就好像一个持枪的匪徒，洗劫了这个普通的家庭。在花掉 6 万元积蓄之后，父母又借了 6 万元，才勉强支付完医院里的账单。很长一段时间里，只有父亲工作，每月有 700 元收入。母亲办了内退在家照顾生活不能自理的儿子。那台曾经显赫的 586 电脑终于无法赶上最新软件的运算速度之后，骆鹏知趣地没有声张。

"我也会常常想起生病以前的事。"骆鹏说，"那段时光是我最美好的记忆。"虽然一些人一直认为，贫穷的原因来自懒惰。但是在麦子店地区这个样本中，多数穷人是像骆家一样因病落魄。另外一个重要因素，则是因学致穷。

北京奥运会之前，麦子店街道"为帮助在社会经济迅速发展背景下尚不能共享社会发展成果的困难群体"，委托北京师范大学社会发展与公共政策研究所对所辖 5 个居委会范围内的 93 个贫困家庭进行调查。它们中有三分之二拥有至少一个患者。"大部分家庭有成员长期承受疾病和贫困的折磨，无法从这种状态中解脱出来，因病致贫和因病返贫的现象非常显著。"调查报告说。其实，大部分受访者对自己的健康状况都不抱乐观的态度，甚至没有一个人认为自己的身体很好。这些家庭的平均月工资是 1262 元。结合北京市和朝阳区的平均工资水平，"上述数据显示的结果是：这 93 户贫困家庭中，有正式工作工资收入的 30 个家庭平均工资很低，几乎无法维持其家庭的基本生活"。在收入微薄的同时，没有机制为他们提供足够的医疗保障。有大约三分之一的人可以全部或者部分报销医疗费用。另外 25 个病人没有治疗或者选择自行治疗，他们基本都不能报销医药费；之所以不去看病，原因也是经济困难。

近年来，麦子店街道针对特困人员实施了生活上扶困、身体上扶康、精神上扶智、智力上扶学、就业上扶技的"五扶工程"，贫困居民的生活正逐步走上正轨。

城市扶贫步履铿锵

为解决城市贫困问题，从 20 世纪 90 年代开始，中国政府制定和出台了一系列城市扶贫政策。至今，中国在城市已初步建立起了反贫困行动体系。这套体系的建立表明：中国城市近年来的反贫困行动，已经从过去临时性的措施逐步走向制度化的反贫困政策体系。

中国城市扶贫政策概要				
政策类型	政策项目	政策目标	受益者	组织体系
预防性政策	最低工资保障制度	维护劳动者取得劳动报酬的合法权益，保障劳动者个人及其家庭成员的基本生活	普通劳动者	劳动和社会保障部门、工会、企业家协会
	下岗职工基本生活费制度	为生活困难的下岗职工提供基本生活费	进入再就业中心的下岗职工	政府劳动部门及有关企业
	社会保险（失业、养老、疾病、工伤、生育）	防止普通劳动者因年老、疾病、失业、工伤、生育等原因而陷入贫困	普通劳动者（目前仍主要为企业职工）	政府劳动与社会保障部门

政策类型	政策项目	政策目标	受益者	组织体系
救济性政策	最低生活保障制度	为城市贫困人口提供基本生活保障	家庭人均收入低于低保标准的普通城市居民	民政部门主管
	住房救助	向贫困者提供低价住房	贫困者家庭	政府房管部门
	医疗救助	为贫困者和特殊困难者减免医疗费用，并提供特殊医疗服务	贫困者家庭以及困难职工	医院、社区卫生服务机构以及政府劳动部门

预防性反贫困

预防性反贫困政策，是指防止贫困发生或降低贫困发生概率的各项政策，主要包括最低工资保障制度以及失业保险、养老保险、医疗保险、工伤保险等社会保障制度等，其中起主要作用的是社会保障制度。

——企业最低工资保障制度

国家劳动和社会保障部《企业最低工资规定》和《最低工资规定》，不断推动最低工资保障制度的建立和完善。

最低工资保障范围，不仅包括劳动者本人的基本生活需要，而且也包括劳动者赡养的家庭成员的生活需要；最低工资数额由最低工资率确定；最低工资只确定了劳动者的最低工资标准，它要求所有的用人单位在向本单位劳动者支付工资或通过劳动合同约定工资数额时，均不得低于最低工资率确定的工资标准，否则，约定无效，并按最低工资标准执行。

全国最低工资标准（2014 年）

月最低标准工资排行		小时最低工资标准排行	
省区市	工资（元）	省区市	工资（元）
上海	1820	上海	17
深圳	1808	北京	16.9
天津	1680	天津	16.8
浙江	1650	深圳	16.5
北京	1560	山西	16
新疆	1520	新疆	15.2
山东	1500	山东	15
江苏	1480	四川	14.6
云南	1420	湖北	14
四川	1400	福建	14
江西	1390	江西	13.9
甘肃	1350	浙江	13.5
内蒙古	1350	甘肃	13.3
福建	1320	江苏	13
河北	1320	河北	13
吉林	1320	安徽	13
湖北	1300	辽宁	13
辽宁	1300	贵州	13
宁夏	1300	青海	12.9
山西	1290	陕西	12.8
陕西	1280	湖南	12.5
青海	1270	重庆	12.5

月最低标准工资排行		小时最低工资标准排行	
省区市	工资（元）	省区市	工资（元）
安徽	1260	云南	12
湖南	1265	宁夏	12.5
贵州	1250	吉林	11.5
河南	1400	内蒙古	11.4
广西	1200	黑龙江	11
西藏	1200	西藏	11
黑龙江	1160	广西	10.5
海南	1120	海南	9.9

——城市保险类社会保障制度

中国城市保险类社会保障制度主要包含失业保险、养老保险、医疗保险、工伤保险和生育保险。

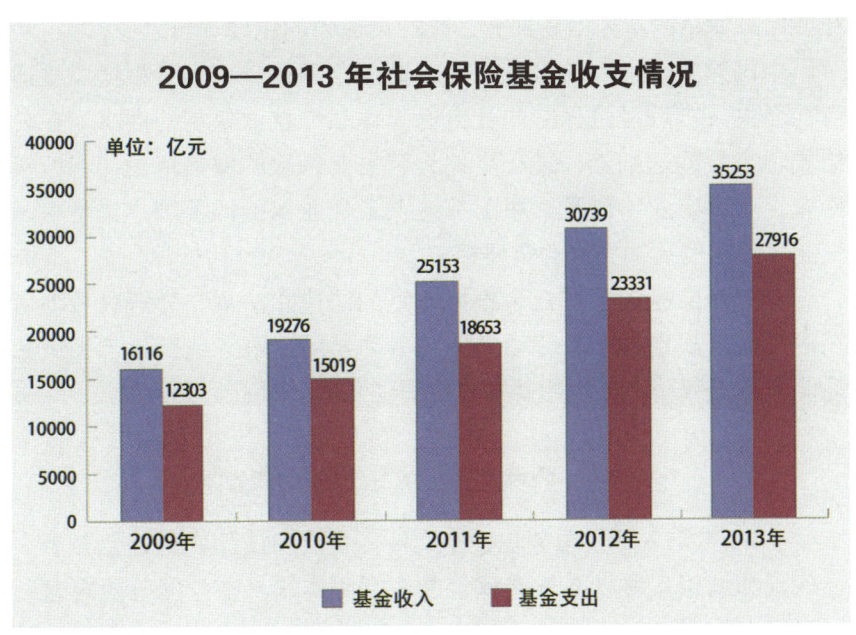

领取养老保险

　　失业保险是指国家通过立法强制实行的，由社会集中建立基金，对因失业而暂时中断生活来源的劳动者提供物质帮助的制度。它是社会保障体系的重要组成部分，是社会保险的主要项目之一。

　　中国建立失业保险制度以后，覆盖范围逐步扩大。根据建立适应社会主义市场经济体制的社会保障体系和就业机制的要求，在总结成功经验的基础上，进一步扩大了失业保险的覆盖范围，将城镇所有企业、事业单位及其职工都纳入了失业保险的范围，这是中国失业保险制度更加完善的重要标志。

　　养老保险是国家和社会根据一定的法律和法规，为解决劳动者在达到国家规定的解除劳动义务的劳动年龄界限，或因年老丧失劳动能力退出劳动岗位后的基本生活而建立的一种社会保险制度。

全国统一的城乡居民基本养老保险制度

　　2014年2月，国务院发布文件，决定将新型农村社会养老保险和城镇居民社会养老保险制度合并实施，在全国范围内建

抗击城市贫困

立统一的城乡居民基本养老保险制度。

新型农村社会养老保险（简称新农保）和城镇居民社会养老保险（简称城居保）制度分别于 2009 年和 2011 年启动试点，2012 年基本实现制度全覆盖。

截至 2013 年底，全国新农保、城居保参保人数已达 4.98 亿人，其中领取待遇人数达 1.38 亿人，加上职工养老保险，合计覆盖了 8.2 亿人。

中国的医疗保险制度起始于 20 世纪 50 年代初建立的公费医疗和劳保医疗，统称为职工医疗保险。它是国家社会保障制度的重要组成部分，也是社会保险的重要项目之一。医疗保险具有社会保险的强制性、互济性、社会性等基本特征。因此，医疗保险制度通常由国家立法，强制实施，建立基金制度，费用由用人单位和个人共同缴纳，医疗保险费由医疗保险机构支付，以解决劳动者因患病或受伤害带来的医疗风险。目前医疗保险制度的基本指导依据是国务院于 1998 年发布的《国务院关于建立城镇职工基本医疗保险制度的决定》。

随着中国经济发展水平的提高及政府和相关研究领域的重视，以及为实现基本建立覆盖城乡全体居民的医疗保障体系的目标，国务院决定从 2007 年起开展城镇居民基本医疗保险试点工作，探索和完善城镇居民基本医疗保险的政策体系，逐步建立以大病统筹为主的城镇居民基本医疗保险制度。

城镇居民基本医疗保险自 2007 年试点、2010 年在全国铺开以来，取得了明显的成效，制度的覆盖面逐步扩大，参保人数也稳步增长。2013 年末全国参加城镇基本医疗保险人数为 57073 万人，比 2012 年末增加了 3431 万人。

工伤保险是社会保险制度中的重要组成部分，是国家和社会为在生产、工作中遭受事故伤害和患职业性疾病的职工及亲属提供医疗救治、生活保障、经济补偿、医疗和职业康复等物质帮助的一种

领取生育保险

社会保障制度。

2013 年末全国参加工伤保险人数为 19917 万人，比 2012 年末增加 907 万人。其中，参加工伤保险的农民工人数为 7263 万人。

生育保险是国家通过立法，在怀孕和分娩的妇女劳动者暂时中断劳动时，由国家和社会提供医疗服务、生育津贴和产假的一种社会保险制度。

中国生育保险待遇主要包括两项。一是生育津贴，二是生育医疗待遇。人社部《生育保险办法（征求意见稿）》从 2012 年 11 月 20 日起面向社会公开征求意见。意见稿明确，生育险待遇将不再限户籍，单位不缴生育险须掏生育费。

2013 年末全国参加生育保险人数为 16392 万人，比 2012 年末增加 963 万人。

——城市贫困社区"四条线"外的救助

通常，在谈到城市居民的生活保障时，人们会提到"四条保障线"，即：职工最低工资、国有企业下岗职工基本生活保障、失业保险、城市居民最低生活保障制度。

"政府的政策是严格按照相应标准来对位的，比如低保就有收入的限制。但有些困难群体并不在这个政策的帮扶之内。"孙守瑛举例说，部分低保家庭虽然享受了相关政策，但在巨额的医疗费面前，补助不过是杯水车薪。据孙守瑛介绍，2011 年麦子店地区享受低保的家庭有 56 户，共 110 余人，每人每月大概有 500 元左右补助。此外，由政府方面提供的救助还有医疗大病救助、失业人员救济金，以及妇联、工会、共青团等单位按照各自指标提供的救助，"多数都不是长期固定的"。

创新性的扶贫包括 5 项内容：生活扶困、身体扶康、精神扶志、智力扶学、就业扶技。

"五扶"工程实施之初,出钱还是主要的援助手段。"由街道出面,与企业达成协议,每年不低于 3000 块标准。"孙守瑛说,开始大多数企业直接按月给钱,有的企业则是给物品,也有些因为孩子读书考学了而给额外补助等。"这 5 项里,身体扶康、就业扶技这两项难度最大。"另外、孤单、人们对自己不太友好、生活没有意思,这些想法充斥在穷人们的头脑中;接近一半的人确认,自己对生活感到忧愁。事实上,大多数贫困家庭没有合适的衣服和鞋袜参加社会交往和集体活动,其中四分之一的人只有一双鞋。这使得这些成年人和孩子缺乏与社会及群体打交道的基本条件,"直接结果就是可能被社会边缘化,甚至被这个社会所排斥。他们不能为社会做出自己的贡献,也不能获得社会的回馈,同时也不能得到社会的支持"。

救助性反贫困

自 1996 年开始,中国政府推动建立以最低生活保障制度为核心的社会救助体系。1999 年颁布《城市居民最低生活保障条例》,临时救助转变为制度化救助。至 1999 年底,中国所有县级以上城市和县政府所在地的镇均建立起了最低生活保障制度。这是一个制度型的社会救助项目,不论民众是否具有劳动能力以及是否具有其他生活来源,只要其家庭平均收入低于当地政府设定的低保标准线,就有权获得政府提供的最低生活保障救助以及其他各种社会救助。

——城市居民最低生活保障制度

城市居民最低生活保障所需资金,由地方各级政府列入财政预算,纳入社会救济专项资金支出项目,专项管理,专款专用。国家鼓励社会组织和个人为城市居民最低生活保障提供捐赠、资助,所提供的捐赠资助全部纳入当地城市居民最低生活保障资金。由于受地方政府的财政能力限制,在城市低保制度推行之初,各地低保资金缺口较大,应保未保的情况较为普遍。

城市居民最低生活保障制度

　　《国务院关于在全国建立城市居民最低生活保障制度的通知》和《城市居民最低生活保障条例》是中国城市居民最低生活保障制度的基本指导文件，也是基本的政策规定。

　　城市居民最低生活保障制度的保障对象是家庭人均收入低于当地最低生活保障标准的持有非农业户口的城市居民，主要是以下三类人员：（1）无生活来源、无劳动能力、无法定赡养人或抚养人的居民，对于这类人群按最低生活保障标准全额发放；（2）领取失业救济金期间或失业救济期满仍未能重新就业，家庭人均收入低于最低生活保障标准的居民；（3）在职人员和下岗人员在领取工资或最低工资、基本生活费后以及退休人员领取退休金后，其家庭人均收入仍低于最低生活保障标准的居民，对于这两类人群按其家庭人均收入与最低生活保障标准的差额发放。

　　在这个基本原则的指导下，全国各个城市制定了自己的保障标准。

社会救助情况

城市居民最低生活保障人数
单位：万人

年份	人数
2006	2240.1
2007	2272.1
2008	2234.8
2009	2345.6
2010	2310.5
2011	2276.8
2012	2143.5
2013	2064.2

开发性反贫困

所谓开发性反贫困政策是指消除贫困者的脱贫障碍，拓展其脱贫机会与能力的各项政策，也就是"授人以渔"的扶贫方式。城市反贫困中政策属于此类的主要为再就业政策，该政策的主要目标是通过职业指导和培训、税费优惠、小额信贷等各种手段促进和帮助城市下岗失业人员实现再就业，依靠自己的劳动摆脱贫困状况。

1993 年，中国政府在上海、沈阳、青岛和成都等 30 个城市开展了"再就业工程"试点。1995 年起，"再就业工程"开始在全国普遍推行。中国政府还连续数年召开高级别的国有企业下岗职工基本生活保障和再就业工作会议，对全面推进再就业工作做出了重大部署，制定一系列政策措施，将创造一定的就业岗位列入每年的工作目标，逐步形成了一个比较完整的政府促进就业和再就业的政策体系。

——就业政策的整体框架

就业政策的整体框架包括五项基本内容。一是以提高经济增长对就业的拉动能力为取向的宏观经济政策，这类政策主要是鼓励扩大就业总量、创造就业岗位。二是以重点促进下岗失业人员再就业为取向的扶持政策，这类政策主要是运用政策杠杆将所创造的岗位优先用于下岗失业人员再就业。三是以实现劳动力与就业需求合理匹配为取向的劳动力市场政策，主要是通过就业服务和职业培训促进劳动力市场供求之间合理匹配。四是以减少失业为取向的宏观调控政策，主要是规范企业减员、引导大企业分流富余人员，减轻社会失业压力。五是以保障下岗失业人员基本生活为取向的社会保障政策，主要是安排以下岗失业人员为主的就业困难群体的社会保障问题。

鼓励再就业政策

税收减免政策：1994 年税收改革以后，特别是 1998 年国有企业下岗职工基本生活保障和再就业工作会议以后，国家税务总局陆续出台了一系列支持再就业的税收优惠政策，主要包括：新办服务型企业和商贸企业方面新招用下岗失业人员，在企业所得税、营业税、城建税和教育费附加等方面享受优惠；对于下岗失业人员从事个体经营的，3年内免征营业税、城建税、教育费附加和个人所得税等。

小额贷款政策：2003年，中国人民银行会同财政部、国家经贸委、劳动和社会保障部共同制定了《下岗失业人员小额担保贷款管理办法》，分别就下岗失业人员小额担保贷款的对象和条件、程序和用途、额度与期限、利率与贴息，以及有关贷款担保基金等管理内容进行了详细规定。

——自食其力：小额贷款焕生机

2003年，联合国开发计划署、中国国际经济技术交流中心与中华全国总工会合作，采用小额信用担保基金形式，为下岗失业人员再就业提供小额贷款信用担保。河南省焦作市是该项目全国试点城市之一，可用担保基金额度200万元。项目主要由中华全国总工会和联合国开发计划署小额贷款信用担保项目焦作办公室负责具体管理，包括贷前调查、审核手续、贷款担保、贷后管理等工作。

"是小额贷款改变了我的生活。"家住河南省焦作市、如今已是一家超市总经理的樊爱玲清楚地记得：1998年8月，她和爱人因为企业不景气双双下岗，原本平静的生活被彻底打破了。家中上有70多岁的老母亲，下有一个正在上初中的小女儿，突然之间，"今后的日子不知道该咋过了"。"那段日子真难熬啊！"她迷茫过、苦闷过、彷徨过，为了生活，她想过各种挣钱的办法，寻找过各种生财的门路，最终她决定凭借多年来从事商业经营的经验，在焦作创办第一家超市。经过多方奔走，从亲戚朋友那里凑够了启动资金，但流动资金却怎么也借不来了。没有担保，没有一家银行肯为这位下岗女工贷款。"眼看着超市挂上了牌却开不了业，真是急得没有办法。"

正在为难的时候，她听说工会和银行开办下岗失业人员小额贷款担保项目。抱着试试的心理，她找到了项目办。她怎么也没有想到，急需的 3 万元贷款竟然没费什么劲就办成了。如今，她的超市红红火火，生活也过得有滋有味。

在焦作，得益于联合国和全国总工会的小额信用贷款担保项目支持的，不止樊爱玲一个下岗职工。

小额信用担保基金存放于焦作市商业银行，该市商业银行以其作为担保发放贷款。该项目运作主要采取了小额贷款＋小额借款模式。不能及时拿到贷款、影响项目开展的贷款户，可先向总工会申请无息小额借款，待焦作市商业银行贷款批准后再向总工会归还借款；对确因经营规模大、经营周期长，资金仍有缺口的，可延长借款期限，使贷款与借款并行使用。项目还注重个体带动＋群体参与模式，对有经济头脑、带动能力强的下岗职工给予扩大授信金额、延长贷款期限等优惠政策，用于劳动密集型项目建设，鼓励"能人"带领更多下岗职工再创业。此模式共支持 120 名下岗职工创业，带动 2300 多名职工再就业，被称为"焦作模式"。

结语　任重道远

"两个一百年"奋斗目标对扶贫开发提出了更高要求。与2020年全面建成小康社会的目标相适应，新时期扶贫开发的目标不仅要持续增加扶贫对象的收入，还要不断提高他们的综合素质以及抵御各种风险、参与社区治理、传承文化等方面能力，难度更大。以甘肃省为例，按照2300元的新扶贫标准，全省贫困人口还有近700万，占全省总人口的1/4强。对照国家小康监测指标体系，目前甘肃跟全国差17.4个百分点，任务十分艰巨繁重。

贫困问题表现出的新特征使扶贫难度加大。首先，中国发展不平衡问题逐步呈现，城乡、区域发展差距以及不同群体收入差距扩大的趋势未得到根本性扭转，使贫困地区发展面临更大挑战。其次，中国贫困人口规模大，根据世界银行标准还有2亿多贫困人口，又主要分布在集中连片特困地区。这些地区生态环境十分脆弱，生存条件异常恶劣，自然灾害频发，人口受教育程度低，基础设施和社会事业严重滞后，是"难啃的硬骨头"。第三，城镇化进程中出现的城市贫困群体不断增加，如失地农民、进城找不到工作或收入不稳定的农民工、仍然居住在棚户区的矿工群体等。第四，"三留守"群体（指留守在农村生活的老年人、妇女和儿童）中，老人、妇女劳动负担增加，儿童教育、营养质量受到不利影响。第五，因病致贫、因灾致贫等现象严重，一些生态脆弱地区返贫率居高不下。

2011—2020 年，中国政府提高扶贫标准，加大投入力度，把连片特困地区作为主战场，把稳定解决扶贫对象温饱、尽快实现脱贫致富作为首要任务。中国将继续坚持开发式扶贫方针，实行扶贫开发和农村最低生活保障制度有效衔接。把扶贫开发作为脱贫致富的主要途径，鼓励和帮助有劳动能力的扶贫对象通过自身努力摆脱贫困；把社会保障作为解决温饱问题的基本手段，逐步完善社会保障体系。

到 2020 年，深入推进扶贫开发的总体目标是：稳定实现扶贫对象不愁吃、不愁穿，保障其义务教育、基本医疗和住房；贫困地区农民人均纯收入增长幅度高于全国平均水平，基本公共服务主要领域指标接近全国平均水平，扭转发展差距扩大趋势。具体要在以下 5 个方面有大的突破。

一是生产条件有大改变。贫困地区基本农田、农田水利等基础设施明显改善，人均基本口粮田得到保障，农户特色增收项目得到落实，特色优势产业快速发展，特色支柱产业体系初步形成。

二是生活条件有大改善。贫困地区农村饮水安全保障程度和自来水普及率进一步提高；全面解决无电行政村和无电人口用电问题；实现具备条件行政村通沥青（水泥）路，实现村村通班车；扩大农村危房改造规模，群众居住条件得到显著改善。

三是社会事业有大发展。贫困地区基本普及学前教育，义务教育水平进一步提高，普及高中阶段教育；县、乡、村三级医疗卫生服务网基本健全，县级医院医疗能力和水平明显提高，新型农村合作医疗参加率稳定在 90% 以上，贫困地区群众获得公共卫生和基本医疗服务更加均等；建立健全广播影视公共服务体系，全面实现广播电视户户通，自然村基本实现通宽带，基本实现每个重点县有图书馆、文化馆，乡镇有综合文化站，行政村有文化活动室。

四是社会保障水平有大提高。农村最低生活保障制度、五保供养制度、临时救助制度进一步完善，实现新型农村社会养老保险制度全覆盖，农村社会保障和服务水平进一步提升。

五是生态环境有大改观。生态文明建设得到加强，森林覆盖率比 2010 年增加 3.5 个百分点；逐步实现人口均衡发展，促进人与自然和谐。

2013 年 4 月，世界银行为全球设定了到 2030 年要实现的两大目标：一是终结极度贫困，将日均生活费低于 1.25 美元的人口比例降低到 3% 以下；二是促进共享繁荣，确保每个国家底层 40% 人口的收入增长。这两个目标已逐步成为国际共识。作为全球最大的发展中国家，中国在未来还要回应国际社会的期待，在帮助其他发展中国家消除贫困方面力所能及地发挥积极作用。显然，中国要全面实现这样的目标，需要付出比过去更大的努力。